Erwin W. Lutzer

Wie aus Fehlern Chancen werden

Das Beste aus falschen Entscheidungen machen

Erwin W. Lutzer

Wie aus Fehlern Chancen werden

Das Beste aus falschen Entscheidungen machen

Erwin W. Lutzer
Wie aus Fehlern Chancen werden
Das Beste aus falschen Entscheidungen machen

ISBN 978-3-89436-962-0

Titel des amerikanischen Originals:
Making the Best of a Bad Decision

Soweit nicht anders vermerkt, wurde die folgende Bibelübersetzung verwendet:
Revidierte Elberfelder Bibel © 1985/1991/2008 SCM R.Brockhaus
im SCM-Verlag GmbH & Co. KG, Witten
Darüber hinaus wurde die folgende Übersetzung verwendet:
NeÜ bibel.heute, © Karl-Heinz Vanheiden, www.kh-vanheiden.de (NeÜ)

1. Auflage
© 2012 Christliche Verlagsgesellschaft, Dillenburg
www.cv-dillenburg.de
Übersetzung: Michelle Träger
Satz: Christliche Verlagsgesellschaft Dillenburg
Umschlaggestaltung: Christoph Ziegeler, www.pixelkraft.de
Druck: BasseDruck, Hagen
Printed in Hungary

Inhalt

Einleitung

Sie haben also eine falsche Entscheidung getroffen …

Willkommen im Club!

Kluge Menschen können dumme Entscheidungen treffen!

Wir alle kennen wunderbare Menschen, die den verkehrten Beruf gewählt, den falschen Partner geheiratet oder durch riskante Investitionen Geld verloren haben. Wir alle haben selbst schon einmal Entscheidungen getroffen, die wir am liebsten vergessen würden, aber deren Folgen uns einfach nicht zur Ruhe kommen lassen.

Die Summe unseres Lebens gleicht der Summe unserer Entscheidungen. Anhand unserer Entscheidungen und der Auswirkungen, die sie auf uns und andere hatten, kann man unseren Charakter erkennen. So wie wir sind, werden wir uns entscheiden – das heißt, unser Charakter bestimmt, wie wir uns entscheiden.

Wir können zwar unsere Entscheidungen frei treffen, aber die Folgen können wir uns nicht aussuchen. Noch ernüchternder ist die Tatsache, dass eine falsche Entscheidung lebenslangen Kummer und Reue nach sich ziehen kann. Ein unmoralischer Schritt, eine Alkoholfahrt, eine schnelle Hochzeit – solche und viele andere törichten Entscheidungen können die Richtung unseres Lebens zum Schlimmsten verändern. Wenn Sie erst einmal den falschen Weg eingeschlagen haben, erscheint es Ihnen zu schwer – und manchmal sogar unmöglich – umzukehren.

Wir können zwar unsere Entscheidungen frei treffen, aber die Folgen können wir uns nicht aussuchen.

Die Entscheidungen der Vergangenheit haben Sie dorthingebracht, wo Sie heute sind. Ebenso werden die Entscheidungen, die Sie heute treffen, einen gewissen Einfluss auf Ihre Zukunft haben. Eine kluge Entscheidung, die Sie jetzt treffen, kann die negativen Entscheidungen der Vergangenheit zur Basis für ein sinnvolleres Leben und einen produktiveren Dienst werden lassen.

Sich in herausfordernden Umständen richtig zu entscheiden ist schwierig – aber nicht unmöglich. Im Alten Testament finden wir das Beispiel eines jungen Mannes – Josef –, der, obwohl er von seinen eifersüchtigen Brüdern fürchterlich betrogen wurde, eine Reihe guter Entscheidungen traf. Josef floh vor den Verführungen der Frau seines Chefs und musste deshalb unschuldig ins Gefängnis, später verzichtete er darauf, sich an seinen Brüdern zu rächen, obwohl sich ihm die Möglichkeit dazu bot. Er entschied sich für Demut statt Stolz und für Vergebung statt Bitterkeit. Heute bewundert man ihn für seine klugen Entscheidungen, denn sie hatten unvorstellbar positive Auswirkungen.

Genau wie Josef müssen wir jeden Tag neue Entscheidungen treffen. Wir entscheiden uns entweder für den besseren oder für schlechteren Weg; wenn der Tag dann vorüber ist, können wir nicht noch einmal von vorne anfangen. Im Laufe der Zeit werden all unsere kleineren und größeren Entscheidungen zu dem Vermächtnis, das wir hinterlassen.

Ein Freund von mir kaufte hochgehandelte Bergbauaktien und ermutigte seine Freunde dazu, dasselbe zu tun. Alles wies darauf hin, dass die Firma wachsen – ja, sogar enorm wachsen – würde. Aber eine Explosion beendete den Aufschwung und die Investoren verloren ca. 80 Prozent ihres Geldes. Rechtlich gesehen war mein Freund nicht verpflichtet, den Personen, denen er die Aktien empfohlen hatte, zu helfen, aber er fühlte sich moralisch verantwortlich. Er entschied sich, sein Haus zu verkaufen, um ihnen ihre Investitionen zu ersetzen. Schließlich hatten seine Freunde wegen seiner Empfehlung ihr Geld verloren. Was meinen Sie, wie man diesen Mann und seine Frau in Erinnerung behalten wird?

In diesem Buch geht es darum, wie man das Beste aus falschen Entscheidungen machen kann. Es wurde in der festen Überzeugung geschrieben, dass Gott das, was wir als unsere „zweitbeste Entscheidung“ bezeichnen würden, in seine „erstklassige Entscheidung“ umwandeln kann, wenn wir ihm erlauben, mit uns zu gehen. Sind wir auf einem falschen Weg, kann Gott uns an eine Kreuzung führen, an der wir uns für einen neuen Weg entscheiden, der uns in eine bessere Richtung führt. Wenn wir nicht inmitten unserer falschen Schritte Gott suchen, werden wir von einer negativen Entscheidung in die nächste stolpern. Gott ist darauf spezialisiert, diejenigen „umzuleiten“, die einen besseren Weg gehen möchten.

Sich in herausfordernden Umständen richtig zu entscheiden ist schwierig – aber nicht unmöglich.

Auf den folgenden Seiten werden Sie unweigerlich an eine Weggabelung geführt, die Sie vor eine nächste Entscheidung stellt: Wollen Sie sich weiterhin über negative Entscheidungen definieren, oder wollen Sie darüber hinweg auf Gott blicken und ihm erlauben, Ihre Stolpersteine zu nehmen und daraus etwas Positives zu machen, das für die Ewigkeit Bestand hat? Sie können zwischen einem Leben der dauerhaften Reue und einem optimistischen und erfüllten Leben wählen. Es ist Ihre Entscheidung!

In diesem Buch begegnen Sie Menschen, die fatale Entscheidungen getroffen haben: Kriminellen, Sexsüchtigen und

Menschen, die ihre Ehen und Familien durch Unmoral und andere Formen der Ichbezogenheit zerstört haben. Sie werden von Leuten lesen, die dumme Versprechen abgegeben haben, und von anderen, die aufgrund ihrer Spielsucht oder durch riskante Investitionen ihre Lebensgrundlage verloren haben. Anders ausgedrückt: Wenn Sie falsche Wege gegangen sind und nun mit den Konsequenzen leben müssen, werden Sie sich in diesem Buch bestimmt wiederfinden.

Gott ist größer als Ihre Dummheit; größer als die Fehler, die Sie gemacht haben.

Dennoch ist dies ein Buch der Hoffnung. Sie leben noch, das heißt, Sie können immer noch kluge Entscheidungen treffen! Egal, wie viele falsche Wege Sie bisher gegangen sind, vor Ihnen liegt immer noch ein richtiger Weg, den Sie wählen können. Gott ist größer als Ihre Dummheit, größer als die Fehler, die Sie gemacht haben, größer als Ihre Sünden und größer als das größte Durcheinander, das Sie auf Ihrem Weg hinterlassen haben.

Möge dieses Buch Ihnen als Ermutigung dienen – ungeachtet aller vergangenen Entscheidungen, die Sie bereuen. Ich lade Sie ein auf eine Reise voller Hoffnung. Unterwegs werden wir lernen, wie Gottes Vergebung und Kraft aus den Farbklecksen, die wir ihm geben, noch ein wunderbares Gemälde kreieren können.

1

Die schlechteste Entscheidung in der Menschheitsgeschichte

Glücklicherweise war es nicht Ihre!

Was denken Sie: Welche Entscheidung ist die schlechteste, die je getroffen wurde? Egal, wie sehr Sie meinen, den Karren in den Sand gesetzt zu haben – ich kann Ihnen versichern: Andere Menschen haben weit tragischere Entscheidungen getroffen als Sie. Doch Gott war da, um ihre falschen Entscheidungen in etwas Gutes umzuwandeln. Deshalb können wir sicher sein, dass er auch für uns da sein möchte, wenn wir uns auf unserem Lebensweg falsch entscheiden.

Das verlorene Paradies

In der Bibel lesen wir von einem Paar, das die fatalste Entscheidung in der gesamten Menschheitsgeschichte getroffen hat. Die beiden lebten in einer vollkommenen Umgebung und wählten dort einen Weg, der weitreichende Konsequenzen hatte. Diese Entscheidung hat in der Tat seither jede Generation getroffen – und zwar bis heute. Keine andere Entscheidung hatte je für so viele Menschen und über so eine lange Zeit hinweg – nämlich bis in die Ewigkeit – solch negative Folgen. Selbstverständlich konnten sie unmöglich wissen, dass ihre persönliche Entscheidung die Geburtsstunde für so viel Böses sein würde: für Gewalt, Naturkatastrophen und sogar für den Tod. Ja, der Pokal für die schlechteste Entscheidung der Menschheitsgeschichte geht an Adam und Eva! Wenn wir uns aber bewusst machen, dass Gott aus ihrem selbst verursachten Elend das Beste machen konnte – und er auch gewillt war, das zu tun –, dann dürfen wir darauf vertrauen, dass er nur darauf wartet, auch uns zu helfen.

Der Pokal für die schlechteste Entscheidung der Menschheitsgeschichte geht an Adam und Eva!

Ihre Gelegenheiten

Stellen Sie sich einmal Adam und Eva im Paradies vor. Sie genossen eine vollkommene Umgebung, in der sie keinen Mangel litten. Sie lebten in einem wunderschönen Garten und sahen überall Gottes Meisterwerk; ihre fünf Sinne waren noch klar und unverdorben. Hatten sie Hunger? Dort im Garten gab es unzählige Bäume, von denen sie sich einfach bedienen konnten. Und wenn sie etwas gewollt hätten, was noch nicht da war, hätten sie Gott einfach nur fragen müssen. Ich bin mir sicher, er hätte es extra für sie erschaffen.

Eva kannte keine Unsicherheiten. Sie lebte nicht nur in einer perfekten Welt, sie hatte auch den perfekten Ehemann! Bestimmt brachte er zuverlässig den Müll raus und half ihr beim Abwasch. Gewiss war er einfühlsam, fürsorglich, romantisch und hatte all die anderen Eigenschaften, auf die Frauen so viel Wert legen. Eva musste sich auch keine Sorgen machen, dass die

Nachbarin zu oft bei Adam vorbeischaute. Sie musste sich nicht mit Supermodels oder Schauspielerinnen auf irgendwelchen Titelseiten vergleichen. Und ganz sicher lag sie auch nachts nicht wach und überlegte, ob sie den richtigen Mann geheiratet hatte!

Adam und Eva hatten freien Zugang zu Gott. Sie gingen mit ihm in der Kühle des Tages spazieren, genossen es, mit ihm zu sprechen, und ließen sich all ihre Fragen beantworten. Eines Tages jedoch trafen sie eine Entscheidung, die den abendlichen Spaziergängen mit dem Allmächtigen eine Ende setzten. Sie standen zusammen in der Mitte des Gartens unter dem einzigen Baum, von dem Gott ihnen verboten hatte zu essen. Hier trafen Adam und Eva eine Entscheidung, die ihr Verhältnis zu Gott und zueinander zerstörte. Durch einen Biss wurden sie Feinde Gottes und ihr wunderbares Miteinander wurde vergiftet.

> Eva lag ganz sicher nachts nicht wach und überlegte, ob sie den richtigen Mann geheiratet hatte!

Wir bekommen keine Antwort auf die Frage, warum die beiden sich entschlossen, Gott nicht zu gehorchen – und das, obwohl sie in einer vollkommenen Umgebung lebten und alles hatten, was sie brauchten. Darauf gibt uns die Bibel keine wirkliche Antwort. Wir wissen nur, dass auch heute noch Menschen immer wieder unkluge Entscheidungen treffen – trotz optimaler Umstände und liebevoller Familie. Wir denken genau wie Adam und Eva, wir wüssten selbst, was für uns am besten ist. Wir ignorieren die Warnungen und Weisheit anderer, Gott eingeschlossen.

Ihre Entscheidung

Gottes Gebot war eindeutig: „Von jedem Baum des Gartens darfst du essen; aber vom Baum der Erkenntnis des Guten und Bösen, davon darfst du nicht essen; denn an dem Tag, da du davon isst, musst du sterben (1. Mose 2,16–17).

Als der Teufel sich in der Gestalt einer Schlange Eva näherte und sie ansprach, tat er, was er oft tut: Er lenkte die Aufmerksamkeit auf die eine Sache, die Gott den Menschen vorenthalten hatte. Er lenkte Eva von all dem Guten in ihrer Umgebung ab – von den vielen Bäumen, deren Früchte sie allesamt essen konnten – und stellte Gottes Weisheit und Liebe infrage. Er verführte Eva zu dem Gedanken, sie wäre besser dran, wenn sie Gottes klare Anweisung missachtete.

Satan verführte Eva zu dem Gedanken, sie wäre besser dran, wenn sie Gottes klare Anweisung missachtete.

Jedoch ist Adam hier alles andere als unschuldig. Er stand neben Eva, als sie verführt wurde, und er schloss sich ihrer Entscheidung, von der verbotenen Frucht zu essen, an. So sündigten sie, obwohl sie von so viel Segen umgeben waren.

Klingt das wie Ihre eigene Geschichte? Sie sind behütet bei liebenden Eltern und mit wunderbaren Chancen aufgewachsen? Doch es war einfach zu verlockend, Ihr „eigenes Ding“ zu machen, und Sie wurden vom richtigen Weg abgelenkt. Vielleicht sind Sie Ihren Wünschen nachgelaufen und haben einfach Ihr Unrechtsbewusstsein ignoriert.

Wir wollen noch einmal näher betrachten, was Adam und Eva letztendlich auf die falsche Spur brachte. Alles begann damit, dass Eva ihre eigenen Wünsche über Gottes Weisheit stellte. Der Baum war so verführerisch – er sah so lecker aus und verhieß ihr, sie weise zu machen. Das alles bedeutete ihr mehr als das, was Gott gesagt hatte. Ihre Sinne täuschten sie und brachten sie dazu, Gottes Wort zu misstrauen. Im Wesentlichen sagte die Schlange: „Eva, folge deinem Gefühl, denke nicht nach. Die Frucht sieht so gut aus – tu es einfach. Es fühlt sich gut an; was kann daran schon schlecht sein?“

Unsere Gefühle führen uns natürlich nicht immer fehl, aber oft geht es uns wie Adam und Eva: Wir wollen den Weg des geringsten Widerstandes gehen, um das zu erreichen, was wir so sehr begehren. Manchmal erscheinen unsere Entscheidungen so banal und dennoch können die Folgen katastrophal sein. Gott hatte Adam und Eva gewarnt, dass sie sterben würden, falls sie von der verbotenen Frucht essen würden. Zu jenem Zeitpunkt aber wussten die beiden noch gar nicht, was der Tod überhaupt war! Im Paradies hatte es noch keinen Tod gegeben. Vielleicht war Eva neugierig und dachte: *Ich frage mich, was Tod überhaupt ist. Vielleicht ist er ja besser als das Leben.* Und dann war da ja auch noch das Versprechen, dass sie, wenn sie davon essen würden, sein würden „wie Gott, erkennend Gutes und Böses" (1. Mose 3,5).

Ein Fenster zu unserem Herzen

Unser Verstand findet immer für alle unsere Herzenswünsche eine Rechtfertigung. Ob wir es zugeben wollen oder nicht, unsere Wünsche treiben uns an. Wir sind der Auffassung, dass wir unsere Entscheidungen nach rationalen Überlegungen treffen; die Wirklichkeit aber ist, dass wir uns vielmehr durch unsere Leidenschaften und Vorlieben in unseren Entscheidungen lenken lassen. Da wir selbst mit unserem Gewissen klarkommen müssen, legen wir uns eine Erklärung zurecht, warum wir unsere Wünsche durchsetzen müssen – und wenn wir sie durchgesetzt haben, rechtfertigen wir uns weiter dafür, dass wir es getan haben. Unser Verstand ist durch unsere Wünsche versklavt. Wir sagen uns immer wieder: „Niemand ist vollkommen und im Grunde genommen bin ich doch recht anständig. Außerdem ist es nicht meine Schuld, dass alles so gekommen ist."

Wir wollen den Weg des geringsten Widerstandes gehen, um das zu erreichen, was wir so sehr begehren.

Gleich nach dem Sündenfall begannen die Schuldzuweisungen. Adam gab Gott und Eva die Schuld und Eva beschuldigte die Schlange. Adam und Eva konnten nicht erkennen, wie sie in Wirklichkeit waren. Uns geht es da nicht anders. Wir rechtfertigen uns immer mehr und unsere Entschuldigungen werden immer trotziger, bis wir eines Tages aufwachen. Meist wird unser Gewissen erst durch eine Krise wach gerüttelt.

Stellen Sie sich nur einmal vor, Sie könnten eine Beziehung zu Gott und Menschen haben, die völlig frei ist von Scham und Schuld.

Eva gebar einen Sohn, den sie Kain nannten. Als Eva ihn stillte, hatte sie sicher noch keine Vorstellung von den Folgen ihrer Sünde, die auf sie und ihre kleine Familie zukamen. Den zweiten Sohn nannten sie Abel. Er wuchs zu einem gottesfürchtigen jungen Mann heran, der lernte, ein richtiges Opfer – ein Blutopfer – für Gott zu bringen. Auch der Erstgeborene Kain brachte ein Opfer, und zwar von den Früchten des Erdbodens. Aber Gott verwarf das Opfer Kains, das von Abel hingegen nahm er an. Nun machte sich Eifersucht in Kains Herzen breit und in einem Anflug von Zorn erschlug er seinen Bruder. Wieder eine schreckliche Entscheidung. So begann die lange und schmutzige Geschichte von zerstörten Familien.

Kein Weg zurück ins Paradies

Bevor Adam und Eva sündigten, waren sie nackt, aber sie schämten sich nicht dafür. Stellen Sie sich nur einmal vor, Sie könnten eine Beziehung zu Gott und Menschen haben, die völlig frei ist von Scham und Schuld. Stellen Sie sich vor, Ihre Gedanken wären so rein und heilig, dass Sie sich vor Ihrem Ehepartner, Ihren Kindern, Ihren Eltern und Freunden nicht schämen müssten – selbst dann nicht, wenn sie um Ihre intimsten Träume wüssten. Wie entspannt wäre doch Ihr Verhältnis untereinander: Da wäre kein Groll, keine Gier, kein Stolz und kein Egoismus.

Obwohl Adam und Eva ihre Tat tief bedauerten, konnten sie nicht wieder zurück ins Paradies. Gott setzte eine Grenze um ihr ehemaliges Zuhause. Wenn sie nun jeden Morgen außerhalb von Eden aufwachten, dachten sie daran, dass nichts mehr so war wie früher. Die Unschuld war verloren, und selbst Unmengen von Tränen würden nicht helfen, um Adam und Eva auch nur eine weitere Nacht in dieser Idylle zu verschaffen.

Kommt Ihnen das bekannt vor?

Das junge Paar, das der Versuchung nachgegeben und miteinander geschlafen hat, kann seine Unschuld nicht mehr zurückerlangen. Der Mann, der seine Ersparnisse verspielt oder bei riskanten Investitionen verschwendet hat, kann das, was er verloren hat, nicht wiederbekommen. Die Frau, die gegen den Willen ihrer Eltern geheiratet hat, ist unglücklich darüber, dass sie nun mit einem gefühllosen Mann leben muss, aber sie kann ihr Eheversprechen nicht rückgängig machen.

Wie Adam und Eva wurden wir von der Anziehungskraft der Sünde betrogen. Wir glauben sogar der Lüge, dass wir das tun dürfen, was unsere sündige Natur verlangt. Es scheint fast so, als wollten wir betrogen werden. Wie Adam und Eva müssen wir damit leben, dass wir Entscheidungen getroffen haben, die wir bereuen, auch wenn wir uns wünschen, wir könnten sie rückgängig machen. Aber all diese falschen Entscheidungen haben eine Mauer aufgerichtet, die verhindert, dass alles wieder ist wie vorher.

> Wir glauben sogar der Lüge, dass wir das tun dürfen, was unsere sündige Natur verlangt.

Aber als das Tor zum Paradies für Adam und Eva (und damit auch für uns) geschlossen wurde, öffnete sich gleichzeitig die Tür der Hoffnung. Gott sichert uns zu, dass selbst aus den zerbrochenen Scherben unseres Lebens noch etwas Gutes entstehen kann.

Hoffnung trotz Reue und Verlust

Nachdem Adam und Eva gesündigt hatten, versteckten sie sich zwischen den Bäumen im Garten Eden. Vorher wussten sie nicht, was Scham ist, doch jetzt lag sie zentnerschwer auf ihnen. Einst hatten sie Gemeinschaft mit Gott unter den Bäumen gehabt, doch jetzt schienen diese wie eine Mauer zwischen ihnen und ihrem Schöpfer zu stehen. Von da an mussten die Menschen immer mehr psychologische Energie und größeren Einfallsreichtum aufbringen, um sich zu verstecken. Adam und Eva hatten allen Grund, sich zu schämen.

Scham ist ein starkes Empfinden. Ich habe gehört, dass in Japan Männer, die ihre Arbeit verloren haben, dies nicht einmal ihrer Familie sagen. Und wenn die Arbeitslosigkeit länger dauert, gehen sie nicht einmal mehr nach Hause. Dies hat das Straßenbild in japanischen Städten immens geändert. Die Selbstmordrate steigt permanent. Wir sehnen uns so sehr nach Anerkennung und werden emotional zerstört, wenn wir sie nicht bekommen.

Wir sehnen uns so sehr nach Anerkennung und werden emotional zerstört, wenn wir sie nicht bekommen.

Albert Camus schreibt in seinem Buch *Der Fall:* „Jeder von uns will unschuldig sein – koste es, was es wolle. Selbst dann, wenn man dafür die gesamte Menschheit und den Himmel selbst anklagen muss.“[1] Es gibt besonders selbstverliebte Menschen, die psychisch nicht in der Lage sind, die Verantwortung für irgendetwas zu übernehmen – egal, wie ungerecht, korrupt oder zerstörerisch ihr Verhalten auch sein mag. Offensichtlich können sie sich nicht in den Schmerz anderer hineinfühlen, sondern beziehen deren Unglück nur auf sich selbst. Sie sterben, bevor sie auch nur einmal die Worte „Ich habe gesündigt“ oder „Es tut mir leid!“ ausgesprochen haben.

Adam und Eva gaben ihr Fehlverhalten zu, aber sie übernahmen dafür nicht die Verantwortung. Der Mann beschuldigte die Frau, die Frau beschuldigte die Schlange und die Schlange wollte auch nicht dafür geradestehen. Und wir folgen ihrem Beispiel. Entschieden ignorieren wir unsere Verantwortung, beschuldigen andere, verändern Tatsachen, damit wir gut dastehen; und wenn es nötig ist, zerstören wir sogar Menschen, die uns nahestehen, um unser Selbstwertgefühl zu erhalten.

Nach dem Sündenfall versuchten Adam und Eva nicht, wieder zu Gott zurückzukommen; sie versteckten sich sogar vor ihm. Es war Gott, der die Menschen suchte (das tut er immer); er ging durch den Garten und rief nach dem in Schande gefallenen Paar. Sie wollten lieber selbst Götter sein, um sich nicht vor der Heiligkeit des Einen verantworten zu müssen, dem sie Unrecht getan hatten. Aber glücklicherweise ließ der wahre Gott sie nicht damit durchkommen. Seine Suche nach den beiden im Garten war der Beginn ihrer – und unserer – Erlösung.

Gott kam mitten in diesen Schlamassel und zeigte seine Gnade. Er verfluchte die Schlange und gab gleichzeitig der Menschheit ein wunderbares Hoffnungsversprechen. John Milton spricht in seinem Buch *Das verlorene Paradies* vom „Glücksfall", denn wenn wir wiederhergestellt werden, ist seine Herrlichkeit sichtbar. Die Sünde selbst ist nicht herrlich, wohl aber die Versöhnung.

Das Versprechen

In dem Moment, in dem Gott Adam und Eva auf ihre Sünde ansprach, sprach er auch zu der Schlange: „Ich werde Feindschaft setzen zwischen dir und der Frau, zwischen deinem Samen und ihrem Samen; er wird dir den Kopf zermalmen, und du, du wirst ihm die Ferse zermalmen" (1. Mose 3,15).

Was bedeutet das?

Ein Erlöser würde kommen, um die Menschheit von ihren Sünden und von ihrer Torheit zu befreien! Der Same der Frau – damit ist Jesus Christus gemeint – würde den Kopf der Schlange zermalmen, obwohl ihn die Schlange in die Ferse beißen würde. Anders ausgedrückt: Die Ferse des Erlösers würde den Kopf der Schlange in den Staub treten. Der Erlöser würde den Kampf eindeutig gewinnen.

Jeder, der die Bibel kennt, ist mit dieser Geschichte vertraut, aber ich erwähne sie hier noch einmal, weil sie im Hinblick auf Gottes Plan bedeutend ist. Er kann immer noch das Beste aus unseren falschen Entscheidungen machen. Wir können sie nicht ungeschehen machen, aber Gott kann uns rehabilitieren. Dabei spielt Jesus Christus die entscheidende Rolle.

Als Jesus Jahrhunderte später am Kreuz starb, dachte sich die Schlange: *Jetzt, wo ich ihn getötet habe, ist mein Widersacher aus dem Weg geräumt!* Doch nach drei Tagen stand Jesus von den Toten auf und einige Wochen später wurde er triumphierend in den Himmel entrückt. Seine Wunde war leicht und von kurzer Dauer, die Wunde der Schlange jedoch war tödlich, gewaltig und ewig. Durch die Kraft des Erlösers sind wir in der Lage, das Beste aus unseren Fehlern zu machen.

Wir können unsere falschen Entscheidungen nicht ungeschehen machen, aber Gott kann uns rehabilitieren.

„Durch den Glauben an die wirksame Kraft Gottes ... hat er [euch] mit lebendig gemacht mit ihm, indem er uns alle Vergehungen vergeben hat. Er hat den Schuldschein gegen uns gelöscht, den in Satzungen bestehenden, der gegen uns war, und ihn auch aus unserer Mitte fortgeschafft, indem er ihn ans Kreuz nagelte; er hat die Gewalten und die Mächte völlig entwaffnet und sie öffentlich zur Schau gestellt. In ihm hat er den Triumph über sie gehalten" (Kolosser 2,12–15). Jesus hat Satan entwaffnet und damit den Teufel als Betrüger entlarvt.

Das Zudecken

Nach dem Sündenfall bedeckten Adam und Eva sich mit Feigenblättern. Zweifelsohne hatten sie davon genug, sodass sie sich vielleicht sogar Kleider und Hemden daraus hätten machen können. Sie konnten dadurch zwar ihre Blöße voreinander verbergen, doch vor Gott konnten sie sich damit nicht verhüllen. Kleidung aus Feigenblättern war erst einmal okay, aber diese würden bald welken. Gott wusste, dass sie eine ewigere Bedeckung brauchten, etwas Kostbares, das nur er, Gott, zur Verfügung stellen konnte.

„Und Gott, der HERR, machte Adam und seiner Frau Leibröcke aus Fell und bekleidete sie“ (1. Mose 3,21). Wo nahm Gott die Felle her? Offensichtlich musste er dafür ein Tier vom Feld töten. Durch dieses Opfer lehrte Gott die Menschen ein Prinzip: Zur Vergebung und Erlösung unserer Sünden musste Blut vergossen werden. Sünden konnten nicht auf billige Weise zugedeckt werden.

> Gott lehrte die Menschen ein Prinzip: Zur Vergebung und Erlösung unserer Sünden musste Blut vergossen werden.

Gott bekleidete Adam und Eva, damit ihre Gemeinschaft wiederhergestellt wurde und ihre Sünde und Scham bedeckt werden konnten. Diese Tierfelle hatten zwar an sich keinen wesentlichen Wert, aber sie symbolisierten etwas, das erst später verstanden werden konnte. Sünde musste nicht nur vergeben, sondern auch zugedeckt werden. Viele Tiere mussten im Laufe der Geschichte geschlachtet werden; sie alle wiesen auf das Kommen Jesu hin, als das „Lamm Gottes, das die Sünde der Welt wegnimmt“ (Johannes 1,29).

Welkende Feigenblätter würden also nicht ausreichen. Jahrhunderte nach Adam und Eva musste Gott selbst am Kreuz leiden, damit uns vergeben werden konnte. Seine Vergebung, die ihn selbst alles gekostet hat, ist für uns kostenlos. „Den, der Sünde nicht kannte, hat er für uns zur Sünde gemacht, damit wir Gottes Gerechtigkeit würden in ihm“ (2. Korinther 5,21). Diese Wahrheit ändert sich nie, auch wenn wir einige falsche Entscheidungen treffen.

Was Gott mit unserer Sünde tut

Manche Menschen haben eine neurotische Art, sich mit ihrer Sünde zu beschäftigen. Manchmal bekennen sie anderen Menschen ihre Sünden, und für kurze Zeit sind sie dann auch erleichtert. Oft jedoch beschließen sie, sich zu bessern und suchen einen Grund, weshalb Gott ihnen vergeben sollte. Selbst wenn sie Gott um Vergebung bitten, fühlen sie sich nicht wirklich frei und haben Angst, das nächste Mal wieder zu versagen.

Der erste Schritt, um mit dieser falschen Denkweise zu brechen, ist, sich bewusst zu machen, dass in uns rein gar nichts ist, das Gottes Vergebung verdient hat. Wenn wir unsere Sünden kleinreden, werden wir damit längst noch nicht würdig, Gottes Vergebung zu erlangen; und wenn wir sie aufbauschen, bedeutet das nicht, dass wir seiner Vergebung nicht würdig sind. Wir bekommen Vergebung und Versöhnung von Gott geschenkt, unabhängig davon, was wir getan haben oder wer wir sind.

Wir bekommen Vergebung und Versöhnung von Gott geschenkt, unabhängig von dem, was wir getan haben oder wer wir sind.

Uns wird aufgrund des Todes eines anderen, nämlich des von Gott verheißenen und gesandten Erlösers, vergeben. Durch sein Blut sind wir gerechtfertigt (Römer 5,9); unser Gewissen ist durch sein Blut gereinigt (Hebräer 9,14); und die Schlange – unser Ankläger – ist durch Jesu Blut besiegt (Offenbarung 12,11). Das Werk Jesu Christi einzig und allein ist die Basis unserer Vergebung. Diese Tatsache ist unumstößlich, unabhängig davon, wie gut oder wie schlecht wir auch sein mögen.

Gott gibt uns etwas viel Besseres und Ewigeres als Feigenblätter oder Felle von Tieren, um unsere Schuld und Schande zuzudecken. Wir sind durch Jesus Christus gerechtfertigt. David, dessen Ehebruch und Mord allgemein bekannt sind, schreibt in Psalm 32,1: „Glücklich der, dem Übertretung vergeben, dem Sünde zugedeckt ist." Gott selbst drückt es so aus: „Ich habe deine Verbrechen ausgelöscht wie einen Nebel und wie eine Wolke deine Sünden" (Jesaja 44,22).

Ein Mann schrieb mir aus dem Gefängnis und bekannte, dass er vier Frauen vergewaltigt habe. Er fragte mich, ob Gott auch ihm vergeben würde. In meiner Antwort gebrauchte ich folgenden Vergleich: Stellen Sie sich einmal zwei Straßen vor. Eine Straße ist sauber und gut befahren, die andere hat tiefe Rillen und Furchen. Wenn Schnee fällt, bedeckt er beide Straßen gleichermaßen. So verhält es sich auch mit unseren Sünden – große und kleine werden von Gott gleichermaßen zugedeckt. „Kommt denn und lasst uns miteinander rechten!, spricht der HERR. Wenn eure Sünden rot wie Karmesin sind, wie Schnee sollen sie weiß werden. Wenn sie rot sind wie Purpur, wie Wolle sollen sie werden" (Jesaja 1,18).

Gott gibt etwas viel Besseres und Ewigeres als Feigenblätter oder Felle von Tieren, um unsere Schuld und Schande zuzudecken.

Ja, Gott kann sogar die schrecklichsten Verbrechen vergeben und das schlimmste Vergehen kann zugedeckt werden.

Der Gott der zweiten Chance

Hier eine Geschichte zum Thema „Erlösung":

Ein Pastor, der sich unmoralisch verhalten hatte, musste voller Scham kündigen. Er sagte: „Stellen Sie sich eine Zwiebel vor. Man zieht eine Schale nach der anderen ab, um schließlich festzustellen, dass innendrin nichts ist. Da war nichts mehr, außer ich und Gott. Vor lauter Schamgefühl zog ich mich von all meinen Freunden zurück. Ich wurde verachtet, alle redeten über mich – und sie hatten recht, mit dem, was sie über mich sagten. Ich fragte mich, ob ich morgens überhaupt noch aufstehen sollte."

Während wir zusammen im Auto unterwegs waren, legte er eine CD ein, und ihm liefen die Tränen über die Wangen, als wir die folgenden Worte hörten:

Golgatha deckt alles zu,
meine Vergangenheit mit ihrer Sünde und Scham,
meine Schuld und Verzweiflung,
Jesus nahm sie dorthin
und Golgatha deckt alles zu.[2]

Golgatha bedeutete für ihn, dass ein Neuanfang möglich war. Vieles war verloren und unwiederbringlich, aber nicht alles war verloren. Seine Beziehung zu Gott war wiederhergestellt worden und neue Freundschaften entstanden. Kleine Segensbeweise auf seinem Weg erinnerten ihn daran, dass Gott ihn nicht aufgegeben hatte. Und im Laufe der Zeit entdeckte er immer mehr Gottes Gnade.

> Vieles war verloren und unwiederbringlich, aber nicht alles war verloren.

Vielleicht sagen Sie jetzt: „Aber nichts wird mehr so sein wie vorher.“ Das stimmt, das wird es nicht. Seine Sünde hatte seine Ehe zerstört und seine Kinder verletzt. Auch für Adam und Eva hatte sich alles geändert; dennoch gab Gott ihnen Kleidung und er stellte durch ein Opfer die Beziehung zwischen ihnen wieder her. Das Gleiche tut er auch für uns. Alles, was wir ihm geben können, sind die Scherben, die durch unsere Fehlentscheidungen entstanden sind, und ihm vertrauen, dass er unsere Seelen heilt.

Ja, Gott musste Tiere töten, damit Adam und Eva angemessen bekleidet werden konnten. Und Jesus musste sterben, damit unsere Sünden zugedeckt werden konnten. Denken Sie daran: Der Sinn und Zweck des Kreuzes ist, das Irreparable wieder zu reparieren; es ist Gottes Handeln dann, wenn wir meinen, die Teile unseres Lebens würden nicht mehr zueinanderpassen. Darum lesen wir auch in Römer 10,11, dass diejenigen, die ihr Vertrauen auf Gott setzen, nie zuschanden werden – sie werden nicht für immer und vollständig zerstört werden.

In Eden wurde Gott zum Gott der zweiten Chance.

Mehr Sünde, mehr Gnade

Adam und Eva waren die Ersten, aber nicht die Letzten, die auf ihrem Lebensweg eine falsche Richtung eingeschlagen haben. Wegen ihnen sind wir alle von Geburt an auf dem falschen Weg und brauchen Gottes Gnade. Glücklicherweise wird die Gnade Gottes größer, je größer unsere Sünde ist. „Wo aber die Sünde zugenommen hat, ist die Gnade überreich geworden, damit, wie die Sünde geherrscht hat im Tod, so auch die Gnade herrscht durch Gerechtigkeit zu ewigem Leben durch Jesus Christus, unseren Herrn“ (Römer 5,20–21). Gott verspricht, dass er Fluch in Segen und Versagen in Chancen verwandeln wird.

Obwohl Adam und Eva nun bekleidet und die Beziehung zwischen ihnen und Gott wiederhergestellt war, waren die grausamen Konsequenzen ihrer Sünde eine Folge für die gesamte Menschheit. Wir alle tragen die Narben des Sündenfalls. Dennoch nahm Gott sie an die Hand und schickte sie auf einen neuen Weg. Sie würden nicht mehr mit Gott im Garten spazieren gehen, aber sie wie auch ihre Nachkommen würden weiterhin mit Gott Gemeinschaft haben können, weil ihre Sünden zugedeckt worden sind. Die Auswirkungen ihrer Entscheidung waren nicht rückgängig zu machen, aber sie konnten Gott weiterhin dienen, indem sie den Erdboden bearbeiteten und die Erde bevölkerten. Die Schlange konnte Gott nicht davon abhalten, dass er den Menschen Vergebung und Gnade gewährte.

Seit der Geburtsstunde der falschen Entscheidung von Adam und Eva gehören Sünde und Gnade immer zusammen. Wo es Fluch gibt, gibt es auch Segen; wo es Verbrechen gibt, gibt es Barmherzigkeit. Es gibt Hass, aber auch Liebe; und Verzweiflung muss der Hoffnung weichen.

Gnade ist für denjenigen reich vorhanden, der demütig genug ist, sie anzunehmen.

Obwohl die Gnade jedem gilt, nimmt nicht jeder sie für sich in Anspruch. Gnade ist für denjenigen reichlich vorhanden, der demütig genug ist, sie anzunehmen. Diejenigen, die an ihrem Feigenblatt – ihrer eigenen Selbstgerechtigkeit – hängen, werden weiterhin frustriert bleiben und Entscheidungen treffen, die gut zu sein scheinen, aber dennoch in einer Sackgasse enden. Vielleicht freuen sie sich über kurzzeitige Erfolge, aber letzten Endes haben sie nichts, was ihnen für die Ewigkeit nützt.

Jesus erzählte die Geschichte zweier Männer, die beide an Gnade glaubten, dennoch erlebte nur einer von ihnen das Wunder, von Gott angenommen zu werden, der andere wurde abgewiesen, obwohl er ein anständiger Mann war.

Die bekannte Geschichte aus dem Lukasevangelium handelt von einem angesehenen Pharisäer und einem verachteten Zöllner, die beide zum Beten in den Tempel gingen. Der Pharisäer betete: „Gott, ich danke dir, dass ich nicht bin wie die Übrigen der Menschen: Räuber, Ungerechte, Ehebrecher oder auch wie dieser Zöllner. Ich faste zweimal in der Woche, ich verzehnte alles, was ich erwerbe" (Lukas 18,11–12).

Es ist für jeden eine niederschmetternde Erfahrung, wenn man seine absolute Hilflosigkeit zugeben muss.

Wenn Sie meinen, er würde prahlen, vergessen Sie nicht, dass er an Gottes Gnade glaubte. Dadurch, dass er Gott dafür dankte, dass er nicht wie die anderen war, drückte er aus: „Hier bin ich durch Gottes Gnade." Er war sich bewusst, dass er die guten Werke nur durch Gottes Güte tun konnte. Wenn er besser als die anderen Menschen war, dann gehörte auch Gott der Dank dafür.

Auf der anderen Seite war da der Zöllner, der von seiner Sünde so überwältigt war, dass er noch nicht einmal die Augen zum Himmel heben konnte. Stattdessen schlug er sich an die Brust und sagte: „Gott, sei mir, dem Sünder, gnädig!" (Lukas 18,13).

Jesus sagte im Hinblick auf den Zöllner: „Ich sage euch: Dieser ging gerechtfertigt hinab in sein Haus, im Gegensatz zu jenem; denn jeder, der sich selbst erhöht, wird erniedrigt werden; wer aber sich selbst erniedrigt, wird erhöht werden" (Lukas 18,14).

Ja, beide Männer glaubten an Gottes Gnade. Der selbstgerechte Pharisäer dachte, Gottes Gnade sei nur dazu da, gute Werke zu tun. Der Zöllner hingegen glaubte, dass er nur durch Gottes Wunder gerettet werden konnte. Er brauchte nicht nur Hilfe, er brauchte das Geschenk der Vergebung, der Versöhnung, und nur Gott konnte es schenken.

War es für diesen Sünder, den Zöllner, schwierig, Gnade anzunehmen? Einerseits nicht, denn er war erleichtert, als er herausfand, dass es für die Hoffnungslosen Gnade gab. Andererseits war es aber auch sehr schwer, Gottes Gnade anzunehmen. Es ist für jeden eine niederschmetternde Erfahrung, wenn man seine absolute Hilflosigkeit zugeben muss. Darum ist der Weg zum Leben auch so eng und schwer, und nur wenige finden ihn (Matthäus 7,14).

Kein Wunder, dass der ehemalige Sklavenhändler John Newton, der das Prinzip von Gottes Gnade verstanden hatte, zu der Erkenntnis kam, dass weder unser Leben hier auf dieser Erde noch unsere Zeit im Himmel jemals Gottes Gnade würde ausschöpfen können.

Wenn wir schon zehntausend Jahre dort gewesen sind
und hell wie die Sonne scheinen,
bleiben uns nicht weniger Tage,
um Gottes Lob zu singen,
als ganz zu Beginn.[3]

Als die Sünde in diese Welt kam, war die Gnade bereits da. Denjenigen, die diese Gnade akzeptieren möchten, steht sie zur Verfügung, um zerbrochene Beziehungen zwischen uns und unserem Schöpfer zu heilen und selbst die schlimmsten unserer falschen Entscheidungen wieder gutzumachen.

Gebet

Gott, ich danke dir, dass du in deinem Herzen mehr Gnade hast als ich Sünden in meiner Vergangenheit. Obwohl ich so viele falsche Entscheidungen getroffen habe, weiß ich, dass du die Verfehlungen in meiner Vergangenheit vergeben und meine Sünden zudecken kannst, damit sie mich nicht mehr von dir und deiner Heiligkeit trennen.

Danke, dass Jesus an meiner Stelle starb, damit ich seine Gerechtigkeit erben kann. Ich bringe nichts außer meiner großen Not und ich rechne mit deiner Gnade, dass du mir das gibst, was mir fehlt.

2

Wenn Sie die zweitbeste Entscheidung getroffen haben

Wie man Gott trotz krummer Wege vertraut

Wir alle haben bereits viele falsche Entscheidungen getroffen. Manchmal wurden die Entscheidungen wider besseres Wissen und manchmal auch aus Unwissenheit getroffen. Manches Mal mussten wir blind entscheiden mit der Ahnung, unklug zu handeln, aber dennoch meinten wir, in der Lage zu sein, mit den Folgen umgehen zu können. Einige Entscheidungen hatten nur geringfügige Konsequenzen, andere wiederum beeinflussten unser Leben und das unserer Mitmenschen beträchtlich.

Kürzlich sah ich einen Bericht, in dem erwähnt wurde, dass Dutzende Autos auf einer Schnellstraße in Chicago umgekippt waren, nachdem sie durch tiefe Schlaglöcher gefahren waren. Es ist tatsächlich so: Oft nehmen wir die Schlaglöcher auf unserem Lebensweg erst dann wahr, wenn wir bereits im Graben liegen.

Während wir auf der Straße unseres Lebens fahren, sehen wir unsere Fehler erst im Rückspiegel deutlich, und wir versäumen es, Gefahren rechtzeitig im Voraus zu erkennen. Eine einzelne, anscheinend unbedeutende Entscheidung kann die Richtung unseres Lebens gänzlich verändern. Wären wir nur klüger gewesen, würden wir uns heute nicht dort befinden, wo wir uns eben befinden, und uns danach sehnen, schnellstmöglich wieder zurück in die richtige Spur zu kommen.

Oft treffen wir falsche Entscheidungen, die nicht unbedingt sündig sind; sie waren einfach nur verkehrt – das meinen wir zumindest –, allerdings entdecken wir dann später, dass diese Wahl in dieser Situation doch die beste war. Manchmal entscheiden wir uns aber auch bewusst falsch; wir wissen, was Gott will, wollen jedoch lieber unseren eigenen Weg gehen.

Kürzlich saß eine junge Frau neben mir im Flugzeug und erzählte mir ihre Geschichte. Sie war mit ihrem Freund seit sechs Monaten zusammen, und nun war sie schwanger geworden. Er wollte sie heiraten, aber sie war sich nicht sicher, ob sie ihn heiraten wollte.

> Oft nehmen wir die Schlaglöcher auf unserem Lebensweg erst dann wahr, wenn wir bereits im Graben liegen.

„Ich will *freiwillig* heiraten und nicht, weil ich *muss*", sagte sie. „Deshalb habe ich mir das Wochenende freigenommen, um mit meiner Schwester darüber zu reden."

Sie fragte mich nach meiner Meinung, und ich sagte sie, obwohl sie eher mit jemandem hätte sprechen sollen, der sowohl sie als auch den Vater ihres Kindes kannte. Ich warnte sie, dass nach meinen Beobachtungen solche „Muss-Ehen" oftmals nicht gutgingen und in einer Scheidung endeten. Vielleicht würden sie und ihr Freund es schaffen, aber selbst unter guten Bedingungen ist eine Ehe ein hartes Stück Arbeit.

Sie meinte, wenn sie ihren Freund heiraten würde, würde das bedeuten, dass sie sich mit der „zweitbesten Entscheidung" zufrieden gab. Wie sie es auch drehen und wenden würde: Ihre Zukunft war „ruiniert".

Obwohl ich sie und ihre Empfindungen verstehen konnte, versicherte ich ihr, dass Gott größer ist als das Durcheinander, das wir Menschen uns und anderen manchmal hinterlassen. Viele unehelich geborene Kinder wurden großartige Männer und Frauen, die Gott einen außerordentlichen Dienst taten – der große Gelehrte Erasmus, der christliche Märtyrer Felix Manz und die bekannte Sängerin Ethel Waters, sind nur einige von ihnen. Ich ermutigte die junge Frau, ihr Baby zu behalten, aber auch Kontakt mit ihrer Gemeinde und ihrem Pastor aufzunehmen, damit sie dort Unterstützung und Beratung bekäme.

Die Frage, die sich die junge Frau stellte, war: „Wie kann ich das Beste aus einer unklugen und vorschnellen Entscheidung machen, die unbeabsichtigte Folgen hat?“ Was geschieht, wenn Sie sich selbst nicht aus dem Sumpf ziehen können und Sie das Gefühl haben, Ihr Leben nur noch im Morast verbringen zu müssen, während andere ihr Leben anscheinend mühelos meistern? Können Sie sich sicher sein, dass Gott Sie segnen wird, auch wenn Ihre Ehe gescheitert ist, Sie ein uneheliches Kind haben, eine Abtreibung haben durchführen lassen, eine Straftat begangen oder sich finanziell ruiniert haben?

Falsche Entscheidungen können in einen Teufelskreis führen. Wenn Sie in einem Elternhaus aufgewachsen sind, in dem Ihnen ständig gesagt wurde, dass Sie ein Versager sind, werden Sie das wahrscheinlich auch weiterhin glauben. Sie denken, auf Ihrer Stirn steht das Wort „Versager“ geschrieben. Unter Umständen fürchten Sie sich sogar davor, erfolgreich zu sein. Ich traf einmal eine Frau, die mir erzählte, dass sie, wann immer sie sich für eine Stelle bewarb, jedes Mal gleich dachte: *Diese Stelle bekommst du nie; und selbst wenn, dann wirst du versagen.* Viele Menschen fürchten sich nicht nur vor dem Erfolg, sie planen ihr Versagen sogar gleich mit ein. Ein Bekannter von mir wechselt alle sechs oder 12 Monate seinen Job. Er lebt ständig in der Erwartung zu versagen. Sein Vater war Alkoholiker; keinem aus seiner Familie gelang irgendetwas.

Gott ist größer als das Durcheinander, das wir Menschen uns und anderen manchmal hinterlassen.

Selbst als Christ konnte er Gottes Hilfe nicht annehmen, um diesen Teufelskreis des Versagens in seiner Familie zu durchbrechen. Er hat Angst vor dem, was Gott von ihm verlangt; er fürchtet, falls er Erfolg haben sollte, würde Gott schon dafür sorgen, dass er wieder versagt.

Wiederum gibt es Menschen, die aus einem zerbrochenen Elternhaus kommen und alles daransetzen, ihren Eltern zu beweisen, dass sie Unrecht haben. Aber auch das kann zu negativen Entscheidungen führen. „Meine Mutter würde sich über nichts mehr freuen, als zu sehen, wie ich wieder einmal versage“, sagte mir einmal ein junger Mann. Aber er „enttäuschte“ sie, denn er wurde finanziell erfolgreich; allerdings zu einem hohen Preis: Wie andere, die sich etwas beweisen müssen, wurde er zum Workaholic und kompensierte seine Unsicherheit, indem er sich in materieller Hinsicht alles leistete, was er nur wollte.

In einem Interview erklärte das ehemalige Model Janice Dickinson, sie habe hart dafür gekämpft, Model zu werden, weil ihr ständig die Worte ihres Vaters in ihren Ohren klangen: „Du bist so hässlich, du schaffst es niemals, ein Model zu werden.“ Sie bewies ihm, dass er sich getäuscht hatte – und zahlte ebenfalls einen hohen Preis dafür. Auf ihrem Weg nach oben führte sie ein Leben in Unmoral und Drogenabhängigkeit.

Eine falsche Entscheidung führt zur nächsten. Der Teufelskreis dreht sich immer weiter, bis ein Mensch sich irgendwann dazu durchringt, Hilfe zu suchen. Je älter man ist, desto schwerer fällt es, wieder auf den richtigen Weg zu kommen. Die gute Nachricht lautet dennoch: Es ist noch nicht zu spät. Egal, was gestern geschehen ist, morgen kann es wieder anders aussehen.

Selbst wenn Ihre Karriere den Bach hinuntergeht, Sie finanziell ruiniert sind oder Ihre Ehe am Ende ist, Gott wartet auf Sie. Vielleicht kommen wir nie wieder an den Ausgangspunkt unserer falschen Entscheidung zurück, aber Gott kann uns einen neuen

Weg zeigen, damit aus der falschen Entscheidung noch etwas Gutes wird. Er kann unsere zweitbeste Entscheidung zu seiner besten machen, wenn wir ihm unsere Scherben geben.

Für den einen richtigen Schritt können Sie sich immer entscheiden: Übergeben Sie Ihr Leben und alles, was Sie haben, Gott.

Gott und Ihre zweitbeste Entscheidung

Anhand der Bibel erkennen wir, dass wir oft die Erfahrungen des Volkes Israel auf unser Leben übertragen können. So sehen wir am Beispiel der Geschichte der Wüstenwanderung die Hässlichkeit der Sünde, wie falsche Entscheidungen anderer auch uns betreffen können und wie Gott in seiner Souveränität noch einen Weg der Erlösung schaffen kann, wenn wir oder jemand, der uns nahesteht, die zweitbeste Entscheidung getroffen haben.

Die lähmende Angst

Nachdem das Volk Israel aus Ägypten geflohen war, reiste es durch die Wildnis bis an den Rand des Verheißenen Landes. Zwei Jahre lang wurde den Israeliten von diesem wundervollen Land erzählt – dass es überaus fruchtbar sei und sie dort gut würden leben können. Immer und immer wieder hörten sie die Worte: „Ein Land, das von Milch und Honig überfließt." Nun sollten sie es bald einnehmen. Jeder von ihnen – zwei Millionen Menschen, junge und alte – freute sich, dass sie nun die Wüste hinter sich lassen konnten und in ein reiches, von Gott versprochenes Land ziehen würden.

Dann trafen sie jedoch eine tragische Entscheidung. Nachdem die zwölf ausgesandten Spione aus jenem Land wieder zurückkamen, brachten nur zwei von ihnen, nämlich Josua und Kaleb, einen positiven Bericht mit. Die anderen zehn gaben ihrer

Angst nach und zogen ihre Sicherheit vor. Sie sagten: „Wir können nicht gegen das Volk hinaufziehen, denn es ist stärker als wir" (4. Mose 13,31). Obwohl Josua und Kaleb versuchten, das Volk von Gottes Sieg zu überzeugen, wurden sie überstimmt.

Vergessen Sie nicht: Gott hatte dem Volk versprochen, dass er ihm helfen würde, die Kanaaniter im Verheißenen Land zu schlagen, wenn es den Jordan überquerte. Aber das Volk ließ sich von seiner Angst lähmen und entschied sich, lieber in der Wüste zu bleiben, als den Feinden zu unterliegen. Hätten die Israeliten Gott vertraut, hätten sie gewiss einige Kämpfe zu schlagen gehabt, aber am Ende wären sie – körperlich und geistlich gesehen – besser dran gewesen.

> Gott kann einen Weg der Erlösung schaffen, wenn wir die „zweitbeste Entscheidung" getroffen haben.

Trotz Gottes Versprechen und Möglichkeiten entschlossen sie sich für die zweitbeste Möglichkeit. Nachdem sie sich nun einmal entschieden hatten, gab es keinen Weg zurück. Sie wollten sogar schon am nächsten Tag ihre Meinung ändern, aber Gott sagte ihnen, dafür sei es zu spät. Die Würfel waren gefallen und ihr Weg für die nächsten 40 Jahre war festgelegt – für die Erwachsenen bedeutete das den Rest ihres Lebens.

Wir können zwar die Zeiger unserer Uhr zurückstellen oder einen alten Kalender aufhängen, aber die Zeit läuft trotzdem weiter. Oft sind unsere Entscheidungen unwiderruflich. In den Flitterwochen können wir zwar bedauern, geheiratet zu haben, aber wir können nicht zum Hochzeitstag zurückspulen, das gegebene Eheversprechen nicht ungesagt machen. Es bringt nichts zu weinen wie der Teenager, der den Wagen seines Vaters um einen Baum gewickelt hat: „Oh Gott, bitte mach diesen Unfall ungeschehen!" Manchmal können wir getroffene Entscheidungen ändern, meistens jedoch nicht.

Vermehrte Konsequenzen

Die Konsequenzen des Unglaubens des Volkes Israel waren wirklich nicht schön. Dafür, dass es sich von den gottgegebenen Möglichkeiten abgewendet hatte, musste es über einen langen Zeitraum hinweg einen hohen Preis zahlen. Tatsächlich würden die Israeliten weitere 38 Jahre in der Wüste umherwandern, in diesem Zeitraum würden die Erwachsenen sterben. Nur diejenigen, die weniger als zwei Jahre alt waren, würden evtl. in das Land einziehen. Aber sie mussten die Konsequenzen des elterlichen Ungehorsams ausbaden. Daran war nichts zu rütteln. Das Volk hatte sich frei entscheiden können, die Konsequenzen jedoch konnte es nicht wählen.

Vielleicht denken wir: *Das ist ganz schön hart!* Gott aber wollte den Israeliten zeigen, dass man Sünde nicht auf die leichte Schulter nehmen kann. Natürlich gab es Schuldzuweisungen, Wut und Reue unter den Betroffenen. Sie wurden bitter und beschwerten sich, besonders wütend waren sie auf Gott, der sie ja selbst in diese Wüste geführt hatte. Mose musste dieses unwillige Volk leiten, und das war keine leichte Sache. Einige Zeit später wurde er sogar so wütend, dass er den Felsen schlug, anstatt zu ihm zu reden, wie Gott es befohlen hatte. Wegen seines Ungehorsams durfte auch er nicht in das Verheißene Land.

Was also tat Gott, nachdem sein Volk die zweitbeste Entscheidung getroffen hatte? Was tat er, nachdem das Volk seine Entscheidung nicht mehr rückgängig machen konnte? Die gute Nachricht lautet: Er verließ sein Volk nicht. Er war nicht wie der Vater, über den kürzlich in den Nachrichten berichtet wurde, der seinen Sohn einfach im Stadtpark zurückgelassen hatte und nicht mehr zurückkam. Nein, Gott nahm das Volk „an die Hand" und zeigte ihm sowohl die Ernsthaftigkeit des Ungehorsams als auch das Wunder seiner mitfühlenden Gnade. Er verwandelte die zweitbeste Entscheidung des Volkes in eine erstklassige Zukunft, die er ihm geben wollte.

Diese traurige Geschichte kann uns Mut und Hoffnung geben. Gottes „Disziplinarmaßnahmen" bedeuten nicht, dass er sich von uns und unseren Umständen zurückzieht. Gott will dort an uns arbeiten, wo er uns findet – und sei es dort in der scheinbar nicht endenden Wüste. Nach unseren negativen Entscheidungen tut Gott das, was er immer mit seinem Volk tut: Er führt, versorgt und vergibt uns. Gott verlässt uns nicht, auch wenn wir falsch entschieden haben. Manchmal wird seine Größe und Gnade gerade erst durch unsere Torheit sichtbar.

Gottes Beurteilung und seine Gnade

„Kann Gott mich überhaupt noch segnen?", fragte mich ein Mann, der wegen übler Tricks in seiner Funktion als Finanzberater zwei Jahre im Gefängnis saß. Er hatte die Öffentlichkeit durch Veröffentlichungen von gefälschten Berichten getäuscht, sein Vermögen verheimlicht und sich somit die Ersparnisse von mindestens 100 Menschen ergaunert. Seine engsten Freunde waren immer noch sauer auf ihn; seine Frau und seine Familie hatten ihm nach Bekanntwerden seines Betruges den Rücken zugekehrt.

Er war Christ und hatte, wie er sagte, nie jemanden betrügen wollen. Alles hatte damit angefangen, dass er heimlich Geld aus seiner Firma geliehen hatte mit der festen Absicht, alles schnellstens wieder zurückzuzahlen. Als er merkte, dass es niemandem aufgefallen war, und er auch eigentlich gar nicht genug Geld hatte, um es zurückzuzahlen, begann für ihn der Teufelskreis der Täuschung; er betrog seine Firma und seine Kunden um noch höhere Summen.

Nachdem alles ans Licht gekommen war, blieb er mit seiner Reue – und mit den Konsequenzen – allein zurück. Als er hinter Schloss und Riegel saß, wo er hingehörte, fragte er sich, ob Gott ihn jemals wieder segnen könne. Wenn er seine Verbrechen ehrlich zugab, würde er dann noch ein erträgliches Leben haben – ob nun hinter Gittern oder in Freiheit? Oder segnet Gott nur die Menschen, die keine so schlimmen Dinge tun?

Ich versicherte ihm, dass Gott unser Leben aus der Grube erretten könne, auch wenn wir uns selbst dorthingebracht haben. Im Folgenden geht es um einige Segnungen, die Gott seinem Volk noch zuteil werden ließ, nachdem sie den falschen Weg in Richtung Verheißenes Land eingeschlagen hatten. Er segnete sie trotz seines Ärgers über ihren Unglauben, indem er ihnen seine Wesensart zeigte und gnädig urteilte.

Vom Segen der Vergebung

Bestimmt war die erste Frage der Israeliten: „Kann uns Gott das, was wir getan haben, vergeben?" Mose betete, dass Gott den Unglauben des Volkes vergeben möge. Und Gott antwortete, indem er sagte: „Ich habe vergeben nach deinem Wort" (4. Mose 14,20). Diese Worte waren wie Regen auf trockenes Land in der Wüste. Es stimmte, die Erwachsenen würden in der Wüste sterben, aber ihre Sünde würde vergeben sein. Das brachte Hoffnung in die Herzen derer, die sich ihrer Sünde bewusst waren und die nichts mehr daran ändern konnten. Vergebung ist möglich.

Einige Bibellehrer sind der Meinung, dass alle Erwachsenen, die in der Wüste starben, ungläubig gewesen seien und wegen ihres Unglaubens nicht nur das Verheißene Land, sondern auch den Himmel eingebüßt hätten. Ich glaube nicht, dass das stimmt. Gewiss gab es einige hartherzige Ungläubige und Gott hat sie sicherlich dafür gerichtet. Ich bezweifele jedoch nicht, dass die meisten Israeliten ihren Unglauben und ihre fatale Entscheidung bitter bereuten und viele – wahrscheinlich die Mehrzahl – den Segen von Gottes Gnade erlebten. Ihre Sünde war nicht größer als Gottes Vergebung. In Ägypten mussten sie das Blut des Lammes auf die Türpfosten ihrer Häuser streichen, damit sie von Gottes hartem Gericht verschont blieben; nun

Gottes „Disziplinarmaßnahmen" bedeuten nicht, dass er sich von uns und unseren Umständen zurückzieht.

wurde ihnen ihre große Sünde des vorsätzlichen Ungehorsams vergeben.

Dennoch sollten wir nicht denken, dass Gottes Begnadigung leichtfertig gegeben wird – unabhängig von der Herzenseinstellung der Menschen. Auch wenn die Vergebung angeboten wurde, musste sie doch persönlich angenommen werden. Sie galt nur denen, die sie wirklich wollten.

Es gibt Hoffnung für den gläubigen Makler, der im Gefängnis saß, weil er Investoren betrogen hatte. Der Frau, die abgetrieben hat, muss bewusst werden, dass Gott bereit ist, ihr zu vergeben und ihr belastetes Gewissen zu reinigen. Gottes Gnade löscht nicht die Konsequenzen unserer Sünde aus, aber die Vergebung bereinigt uns von Selbstvorwürfen und Reue. Vergebung heilt unsere Herzen, nicht unbedingt unsere Beziehungen und vertane Zeit. Gott gewährt denen Vergebung, die sie wollen.* Weil die Vergangenheit vergeben wurde, gibt es Hoffnung für die Zukunft. „Wenn wir unsere Sünden bekennen, ist er treu und gerecht, dass er uns die Sünden vergibt und uns reinigt von jeder Ungerechtigkeit“ (1. Johannes 1,9).

Vergebung heilt unsere Herzen, nicht unbedingt unsere Beziehungen und vertane Zeit.

Vom Segen des Erbes ihrer Kinder

Obwohl die Erwachsenen, die jene tragische Entscheidung in der Geschichte Israels trafen, in der Wüste starben, konnten sie doch getrost sein, dass wenigstens ihre Kinder in das Verheißene Land kommen würden. Das, was den Eltern verwehrt war, würden die Kinder tun können. „Und eure kleinen Kinder, von denen

* Im Neuen Testament nennt Jesus eine „Sünde, die nicht vergeben werden kann“. Das gilt hier nicht, denn es bezieht sich auf Ungläubige, die nicht nach Vergebung trachten.

ihr gesagt habt, sie werden zur Beute werden, sie will ich hineinbringen, und sie sollen das Land kennenlernen, das ihr verworfen habt" (4. Mose 14,31). Die Kinder litten wegen des Ungehorsams ihrer Eltern – aber nicht für immer. Obwohl ihre Eltern versagt hatten, hielt Gott einen besonderen Segen für diejenigen bereit, die zu jung waren, um die Entscheidung ihrer Eltern mitzutragen.

Die junge schwangere Frau, die nicht weiß, ob sie ihren Freund heiraten soll oder nicht, sollte nicht denken, dass wegen ihrer Sünde ihr Leben oder das ihres Kindes für immer gebrandmarkt sei. Mit Sicherheit wird sie als Alleinerziehende Probleme haben, aber inmitten von Herausforderungen und Bedauern kann auch Segen entstehen.

Kinder müssen nicht in den Fußstapfen ihrer Eltern gehen. Gottes Gnade ist größer als der „Fluch" des Versagens, der über so mancher Familie zu hängen scheint. Manchmal stammen die gesegnetesten Kinder aus den Familien und Umständen, die man am wengisten bei ihnen vermutet hätte. Wir sollten kein Schild mit der Aufschrift „Gnade unwillkommen" aufstellen.

Gnade geschieht dort, wo sie am meisten gebraucht und ersehnt wird. Tausende von Kindern mit untreuen – sogar bösen – Eltern dienten Gott mit Treue und unter großem Segen.

Die Eheleute Tony und Ruth sind ein gutes Beispiel dafür. Tony stammt aus einer Familie, in der Alkohol und Missbrauch an der Tagesordnung waren. Ruth wurde als Teenager von zu Hause rausgeworfen und fand sich auf der Straße wieder. Beide wurden durch Gottes Gnade erlöst und erziehen ihre Kinder nun liebevoll und im Glauben. Beide sagen: „Der Fluch hörte mit uns auf!" Und Gottes Gnade bestätigt es voll und ganz.

Vom Segen der täglichen Nahrung

Gott hätte es den Israeliten überlassen können, sich selbst um ihre Nahrung zu kümmern, und sie einfach verhungern lassen. Er hätte seine Fürsorge zurückziehen können, aber er tat es nicht. Er beschloss, sie sechsmal in der Woche mit Manna zu segnen, und gab ihnen sogar Wachteln zum Essen, als sie sich danach sehnten.

Aber es geschah noch mehr: „Und du sollst an den ganzen Weg denken, den der HERR, dein Gott, dich diese vierzig Jahre in der Wüste hat wandern lassen, um dich zu demütigen, um dich zu prüfen und um zu erkennen, was in deinem Herzen ist ... Er demütigte dich und ließ dich hungern. Und er speiste dich mit dem Man ... Deine Kleidung an dir ist nicht verschlissen, und dein Fuß ist nicht geschwollen diese vierzig Jahre“ (5. Mose 8,2–4). Stellen Sie sich vor, Sie würden 40 Jahre lang denselben Mantel und dieselben Sandalen tragen. Und jeden Tag würde Ihnen Ihr Essen bis an die Haustür gebracht werden.

Nahrung! Kleidung! Gesundheit! Nicht schlecht für eine Menschengruppe, die eine falsche Richtung eingeschlagen hatte und nicht wieder umkehren konnte! Gott ließ sie wissen: „Selbst wenn du dorthinkommst, wohin du eigentlich nicht solltest, werde ich niemals meine Liebe und Fürsorge von dir nehmen.“ Wie der Vater im Gleichnis vom verlorenen Sohn (siehe Lukas 15,11–32) wartet Gott darauf, dass wir uns von unseren negativen Entscheidungen ab- und zu ihm hinwenden und wieder die Gemeinschaft mit ihm suchen. Die Worte im Neuen Testament „Werft alle eure Sorgen auf ihn, denn er ist besorgt für euch“ (1. Petrus 5,7) gelten nicht nur denen, die die richtige Weggabelung genommen haben, sondern auch denen, die auf die falsche Straße mit tiefen Schlaglöchern und wackligen Brücken geraten sind. Selbst auf rauen Wegen kann uns Gott noch leiten und führen.

Vom Segen seiner richtungsweisenden Gegenwart

In dem großen Volk Israel gab es einige, die gegen Moses Führung rebellierten. Für Gott war es eine persönliche Provokation gegen seine Wahl – Mose –, deshalb ließ er es zu, dass die Erde sich öffnete und 250 Menschen lebendig verschlang. Später starben auch diejenigen, die sich darüber beschwert hatten. Wären nicht Mose und Aaron noch für die gesamte Gruppe eingetreten, hätten alle sterben müssen. Dennoch, trotz dieses harten Gerichtes, lesen wir: „... und siehe, die Wolke bedeckte es (das Zelt der Begegnung) und die Herrlichkeit des HERRN erschien" (4. Mose 17,7). Stellen Sie sich das nur einmal vor: Gott zog sich nicht zurück; er ließ die Menschen sogar einen Hauch seiner Herrlichkeit sehen! Er bestrafte die, die ihm ungehorsam waren, und segnete diejenigen, die ihn anbeteten. Er führte das Volk weiter auf seiner monotonen Reise. Egal, wie heiß der Sand oder wie langweilig die Landschaft war, Gott war gegenwärtig, um sie daran zu erinnern, dass sie nicht allein waren. Er begleitete sie auf ihrem selbst gewählten Weg, auch wenn sie auf der Stelle marschierten.

Möchten Sie sich führen lassen, nachdem Sie die verkehrte Entscheidung getroffen haben? Gott hat nicht versprochen, uns zu führen, wenn wir es vorziehen, doch unsere eigenen Wege zu gehen. Aber er führt die, die ihn von ganzem Herzen suchen. Gott ist denen nahe, die ihn rufen, selbst denjenigen, die in ihrem Leben gestrandet sind.

> Gott wartet darauf, dass wir uns von unseren negativen Entscheidungen ab- und zu ihm hinwenden.

Wir können nicht sehr weit auf der falschen Straße gehen, ohne auf weitere Kreuzungen zu stoßen. Vielleicht haben wir keine große Wahl und der Weg scheint einsam und langweilig zu sein, trotzdem geht Gott mit: „Fürchte dich nicht, denn ich habe dich erlöst! Ich habe dich bei deinem Namen gerufen, du bist mein. Wenn du durchs Wasser gehst, ich bin bei dir, und durch Ströme, sie werden dich nicht überfluten. Wenn du durchs Feuer gehst, wirst du nicht versengt werden, und die Flamme wird dich nicht verbrennen" (Jesaja 43,1–2). Mit Gottes Führung und Begleitung kann man sogar Umwege bewältigen.

Vom Segen des Sieges im Kampf

Kurz nachdem Aaron, Moses Bruder, in der Wildnis starb, nahm der König eines kanaanäischen Stammes aus der Wüste Negev einige Israeliten gefangen. Als Reaktion darauf versprach das Volk Israel dem Herrn: „Wenn du dieses Volk wirklich in meine Hand gibst, dann werde ich seine Städte mit dem Bann belegen" (4. Mose 21,2). Heutzutage verstehen wir solche Gebete nicht, aber was Israel damit ausdrücken wollte, war Folgendes: „Wenn du uns hilfst, die Städte unserer Feinde zu zerstören, dann werden wir nichts für uns nehmen. Diese Städte opfern wir dir, wenn du uns den Sieg gibst."

Und wirklich: „Der HERR hörte auf die Stimme Israels und gab die Kanaaniter in seine Hand" (4. Mose 21,3). Oft lesen wir, dass wir auf Gottes Stimme hören sollen, aber hier steht, dass Gott die hörte (manche Übersetzungen sagen auch „gehorchte"), die zu ihm beteten. Ich kann mir vorstellen, dass Gott sagte: „Ja, ihr seid wegen eures Unglaubens in dieser Wüste, aber das heißt nicht, dass ich nicht mehr auf eure Gebete höre. Ich kämpfe in eurem Namen und höre auf euer Schreien."

Niemals werden Sie sich in einer Situation wiederfinden, in der Gott nicht auf Ihre Gebete antwortet.

Niemals werden Sie sich in einer Situation wiederfinden, in der Gott nicht auf Ihre Gebete antwortet. Hören Sie nie auf zu beten, zu bitten und vor allem zu vertrauen. Vielleicht danken Sie Gott sogar eines Tages, dass Sie den falschen Weg genommen haben. Wenn man solch ein Vertrauen hat, ist die Zukunft nicht so dunkel. In der Tat können wir im Vertrauen auf Gottes Allmacht vorwärtsgehen – und das trotz unserer zweitbesten Entscheidung.

Vom Segen, der Josua und Kaleb gegeben wurde

Leiden Sie wegen einer negativen Entscheidung, die jemand anders getroffen hat? Versetzen Sie sich einmal in die Lage von Josua und Kaleb, den beiden Spionen, die das Volk Israel zum

Vertrauen an Gott aufforderten. Obwohl die beiden Gott vertrauten, mussten sie zusammen mit allen anderen weitere 38 Jahre durch die Wüste wandern. Vergessen Sie nicht: Wenn eine Nation gerichtet wird, werden die Gerechten zusammen mit den Ungehorsamen bestraft. Doch, wenngleich sie mit durch die Wüste gehen mussten, ehrte Gott diese beiden Männer. Soweit uns bekannt ist, akzeptierten sie diese Situation mit Anstand und Würde.

Jahre später wurde Josua der Nachfolger von Mose und ein Heeroberster, der nicht nur in das Verheißene Land kam, sondern auch dem Volk zu zahlreichen Siegen verhalf. Kaleb überwand den sozialen Druck, den er erlebte, denn er war ein Kenasiter und kein Israelit. Als alter Mann durfte er in das Verheißene Land einziehen. Als er das Land sah, das er für sich und seine Nachkommen in Anspruch nehmen wollte, sagte er zu Josua, dem Führer des Volkes: „Gib mir dieses Gebirge, von dem der HERR an jenem Tag geredet hat" (Josua 14,12). Weiter lesen wir: „Da segnete ihn Josua und gab dem Kaleb, dem Sohn des Jefunne, Hebron zum Erbteil" (Josua 14,13). Was Gott damit sagen wollte, war: „Kaleb, weil du mir vertrauensvoll nachgefolgt bist, werde ich dich segnen und deine Gebete beantworten." Nachdem er fast sein halbes Leben wegen der Sünde anderer in der Wüste verbracht hatte, wurde Kalebs Bitte erfüllt, als er 85 Jahre alt war. Das war die Folge seines Vertrauens auf Gott. Auch wenn uns vielleicht der Gedanke nicht gefällt, dass wir unser halbes Leben lang die Konsequenzen der Sünde anderer tragen müssen, dürfen wir doch zuversichtlich sein, dass Gott immer noch treu ist. Er kann unser Leben und unsere Umstände ändern – auch wenn wir länger als gewollt warten müssen.

Sie sind vielleicht ein treuer Christ und das Opfer von Fehlern und Missgeschicken anderer: Ihrer Eltern, Ihres Ehepartners, Ihres Chefs oder eines Freundes. Sie stecken mitten in Problemen, für die andere verantwortlich sind oder die durch andere verschlimmert wurden. Sie dürfen wissen, dass Gott Sie nicht verlassen wird, auch wenn Sie die Auswirkungen dieser falschen Entscheidungen spüren müssen. Selbst in der Wüste, für die andere verantwortlich sind, sieht er Sie. Corrie ten Boom, die die Schrecken des Nazi-Konzentrationslagers überlebt hat, sagte einmal: „Keine Grube ist so tief, dass Gottes Liebe Sie nicht erreichen könnte.“ [1]

Unsere zweitbeste Entscheidung kann zu Gottes erster Wahl werden

Die junge Frau, die nicht weiß, ob sie den Vater ihres Kindes heiraten soll (ich bete, dass sie eine weise Entscheidung trifft!), muss vielleicht die Erfahrung von Armut, zerbrochenen Träumen und schmerzvollem Verrat machen. Aber Gott hat sie nicht ihrem Schicksal überlassen. Wenn sie Gottes Gnade annimmt, dann wird er bei ihr sein, sie führen, auf ihre Gebete antworten und sie auf einen neuen Weg führen. Auch wenn ihre erste Wahl keine Option mehr darstellt, kann Gott die zweitbeste Möglichkeit nutzen und selbst ihre missliche Lage kann zu seiner Verherrlichung sein.

Gott verlässt weder den Verräter im Gefängnis noch die Frau in der schrecklichen Ehe, noch den Investor, der unrechtmäßig zu viel Geld kommen wollte und alles verloren hat, wenn sie Buße tun und im Glauben zu ihm umkehren. Plan A ist außer Reichweite, aber Plan B kann auch Gottes Absichten erfüllen. Wenn wir dummerweise das Verheißene Land gegen die Wüste eingetauscht haben, wird Gott dennoch auch in der Wüste bei uns bleiben. Er hat zahlreiche Möglichkeiten, um unseren zweitbesten Weg in seine erstklassige Chance zu verwandeln.

> Gott wird Sie nicht verlassen, auch wenn Sie die Auswirkungen falscher Entscheidungen von anderen spüren müssen.

Ich möchte allerdings darauf hinweisen, dass nicht jeder aus dem Volk Israel Gottes Vergebung und Gnade erfahren hat. Diejenigen, die mit Gott haderten und sich weigerten, Buße zu tun, starben unversöhnt. Gnade dringt nicht in verschlossene Herzen ein. Gnade muss von denjenigen angenommen werden, die bereit sind, sich unter Gottes Führung zu stellen.

Gott kann Ihre Lebensgeschichte ändern, aber Sie müssen es ihm auch erlauben, so wie ich es vor Jahren einmal in einem Gedicht gelesen habe:

So wie unsere Kinder ihre zerbrochenen Spielzeuge
mit Tränen in den Augen zu uns bringen,
so brachte ich meine zerplatzten Träume zu Gott,
weil er mein Freund ist.
Aber statt sie ihm zu überlassen, damit er sie heilt,
blieb ich daneben stehen und versuchte mitzuhelfen –
mit meinen eigenen Lösungsvorschlägen.
Schließlich schnappte ich mir meine Träume zurück
und schrie: „Warum dauert das so lange?"
„Mein Kind", sagte er, „was sollte ich tun?
Du hast niemals wirklich losgelassen." [2]

Kurz gesagt: Gnade kommt nicht zu den Selbstbewussten, sondern zu den Niedergeschlagenen. Nur dann, wenn die inneren Barrieren der Bitterkeit, des Zornes und der Wut vor Jesu Füße abgelegt werden, kann Gnade eintreten. Jesus sagte, dass die Trauernden getröstet werden (Matthäus 5,4) und das Reich der Himmel den Armen im Geist gehört (Matthäus 5,3).

Gott hat andere vor Ihnen aus ihrem Schlamassel gezogen. Sie können der Nächste sein.

Gebet

Vater, vergib mir, wo ich auf meinem Lebensweg falsch abgebogen bin. Ich habe Chancen vertan, andere Menschen und mich selbst enttäuscht. Mein ganzes Leben scheint immer nur die „zweite Wahl" zu sein im Vergleich zu dem, was sein könnte. Bitte mache das Beste aus dem, was ich dir jetzt gebe. Ich mache Davids Gebet zu meinem: „Beharrlich habe ich auf den HERRN geharrt, und er hat sich zu mir geneigt und mein Schreien gehört. Er hat mich heraufgeholt aus der Grube des Verderbens, aus Schlick und Schlamm; und er hat meine Füße auf Felsen gestellt, meine Schritte fest gemacht. Und in meinen Mund hat er ein neues Lied gelegt, einen Lobgesang auf unseren Gott. Viele werden es sehen und sich fürchten und auf den HERRN vertrauen“ (Psalm 40,2–4).

3

Wenn Sie eine problematische Ehe eingegangen sind

Sie bereuen dieses törichte Eheversprechen

Was für ein Durcheinander! – Das war mein Gedanke, als mich eine Frau anrief, um mir ihre Geschichte zu erzählen. Sie und ihr Freund hatten sich untereinander so etwas wie ein Eheversprechen gegeben, damit sie ohne Schuldgefühle miteinander intim werden konnten. Eine richtige Hochzeit kam noch nicht infrage, aber sie wollten mit dem Sex nicht mehr länger warten. Also dachten sie, es wäre besser, heimlich „vor Gott" zu heiraten, anstatt – wie die Frau es ausdrückte – „in Unzucht zu leben". Um ihrer „geheimen Eheschließung" einen Anstrich der Ehrbarkeit zu geben, veranstalteten sie eine feierliche Zeremonie in einem Hotelzimmer, bei der die Braut sogar ein Hochzeitskleid trug! Bestimmt würde Gott sie verstehen, so sagten sie sich, und ihre Freunde brauchten davon ja nichts zu erfahren!

Doch eine Beziehung, die schlecht anfängt, endet in der Regel auch schlecht. Der Mann wollte die Beziehung nun beenden. Er sagte, sie seien ja schließlich nicht rechtmäßig verheiratet; eine Ehe bedeute ja viel mehr, als heimlich zueinander „Ja“ zu sagen, selbst wenn man Gott als Zeugen mit eingeschlossen hat. Die Frau jedoch nahm ihr Ehegelübde ernst und war überzeugt, wirklich verheiratet zu sein. Er konnte ihrer Meinung nach nicht so einfach aus dieser Geschichte herauskommen.

Ich sprach mit dem Mann, um seine Sicht der Dinge zu hören. Er sagte: „Ja, klar, wir haben uns ein Ehegelübde gegeben, aber ich wurde verführt, sie zu heiraten. Sie hatte ihr Brautkleid immer im Auto mit dabei und wusste, dass ich irgendwann einmal schwach werden würde. Und dem war auch so. Ich half ihr, das Brautkleid anzuziehen, wir gaben uns unsere Eheversprechen, ich half ihr aus dem Brautkleid wieder heraus und wir hatten Sex miteinander. Na ja, wie du dir vielleicht denken kannst, waren wir aber zuvor bereits miteinander intim gewesen.“ Dann fügte er hinzu: „Das ist aber doch nicht wirklich eine Ehe. Erst wenn die Ehe vor dem Standesbeamten und vor einem Geistlichen formell geschlossen ist, gilt man als verheiratet. Deshalb beende ich diese Beziehung, die mittlerweile nur noch furchtbar ist.“

Nun, was macht man, wenn eine Beziehung „furchtbar“ wird? Und was geschieht, wenn man eine problematische Ehe führt? Wir wollen erst einmal das Durcheinander dieses Paares entwirren und sehen, wie man das Beste aus einer schwierigen Ehe machen kann.

Die Eigenschaft von Gelübden

Zum Ersten: Gelübde unterscheiden sich grundsätzlich von Versprechen, denn Versprechen implizieren bestimmte Bedingungen. Wenn ein Freund zum Beispiel zu Ihnen sagen würde: „Ich treffe mich mit dir auf einen Kaffee bei Starbucks“ und er hätte dann unterwegs einen Unfall, würden Sie hinterher bestimmt nicht zu ihm sagen: „Ich kann dir nicht mehr vertrauen, denn du hast dein Versprechen nicht gehalten!“ Was er eigentlich meinte, war: „Ich werde mich mit dir bei Starbucks treffen, falls ich nicht krank werde oder durch einen Notfall verhindert bin.“ Bestimmte Bedingungen wurden einfach vorausgesetzt.

Ein Gelübde geht noch einen Schritt weiter als ein Versprechen und kann eher mit einem Eid oder einem Schwur verglichen werden. Gott nimmt ein Gelübde bzw. einen Eid oder Schwur sehr ernst. „Was du gelobst, erfülle! Besser, dass du nicht gelobst, als dass du gelobst und nicht erfüllst. Gestatte deinem Mund nicht, dass er dein Fleisch in Sünde bringt ... Wozu soll Gott über deine Stimme zürnen und das Werk deiner Hände verderben?“ (Prediger 5,3–5).

Das Ehegelübde ist der Heiligste aller Schwüre, denn es ist nicht an Bedingungen geknüpft. Wenn wir einander das Versprechen geben „bis dass der Tod uns scheidet“, bestätigen wir vor Gott und anderen Zeugen, dass es keine Hintertürchen gibt, durch die wir uns herausstehlen können.

Dieses Gelübde gilt selbst dann noch, wenn die Ehe schwierig wird – was wahrscheinlich früher oder später immer der Fall sein wird. Stellen Sie sich vor: Zwei egoistische (manchmal auch narzistische) Menschen kommen aufs Engste zusammen und sollen harmonisch miteinander leben! Und was ist mit dem Ballast, den jeder von ihnen mit in die Beziehung bringt? Ist es da verwunderlich, dass sich ein Durchschnittspaar einer riesigen Herausforderung gegenübersieht? Genau hier, an unserem schwächsten Punkt, brauchen wir Gott, der uns hilft.

Genau hier, an unserem schwächsten Punkt, brauchen wir Gott, der uns hilft.

Das Paar, das sich im Hotelzimmer sein Gelübde gab, tat dies freiwillig. Die beiden beteten sogar miteinander und baten Gott, Zeuge ihres Schwures zu sein. Meiner Meinung nach sollten sie dieses Gelübde ernst nehmen und vor Zeugen eine offizielle Hochzeit halten – und zwar zu ihrem eigenen Wohl. Der Ehemann, der sich aus der Beziehung davonstehlen will, sollte Mann genug sein und zu seiner Frau sagen: „Wir haben uns entschieden und haben unsere Gelübde abgelegt; nun werden wir unsere Schwierigkeiten angehen und diese Ehe am Leben erhalten!" Gott segnet denjenigen besonders, der „sein Versprechen nicht ändert, auch wenn es ihm Nachteile bringt" (Psalm 15,4; NeÜ).

Selbstverständlich konnte die Frau ihren Mann nicht dazu zwingen, sein Gelübde zu erfüllen. Im Gegenteil: Je mehr sie ihn zum Bleiben aufforderte, desto entschlossener war er, sie zu verlassen. Die vielen Scheidungen jedes Jahr zeigen, dass immer wieder Menschen vor ihren Ehegelübden davonlaufen. Wir können zwar vor einem Eheversprechen, jedoch nicht vor Gott davonlaufen, der uns für alles, was wir tun, zur Verantwortung zieht.

Ich möchte nicht den Eindruck erwecken, ich fände es in Ordnung, dass Teenager heiraten, indem sie sich voreinander ihre Ehegelübde geben, um dann ohne schlechtes Gewissen Sex haben zu können. Das Gegenteil ist der Fall. So wie das oben genannte Paar werden auch alle anderen, die „heiraten", indem sie heimlich ein Ehegelübde austauschen, um Sex zu legitimieren, zu erwarten haben, dass sie sich schuldig und beschwert fühlen und obendrein Wut aufeinander haben. Immer dann, wenn Sex wichtiger ist als Integrität, wird die Rechtschaffenheit auf dem Altar der sofortigen Befriedigung geopfert; wenn ein Mensch einen anderen benutzt (oder man sich gegenseitig benutzt), wird am Ende Schmerz, Reue, Wut und emotionaler Ballast stehen. Ein Freund sagte einmal: „Ich wurde von einem Richter getraut, heute wünsche ich mir, ich hätte nach Geschworenen gefragt!"

Der Tag, an dem Gott ein törichtes Gelübde segnete

Kann Gott ein törichtes Gelübde segnen? Natürlich kann er das. Sein Segen wird jedoch kein törichtes Gelübde in ein kluges verwandeln; dennoch kann und wird er das Beste aus unseren törichten Entscheidungen machen, denn er zeigt gerade dann seine Allmacht und Gnade, wenn wir sie am meisten brauchen. Im Alten Testament finden wir eine Geschichte, die genau dies bestätigt.

Nachdem Israel in das Verheißene Land eingezogen war, untersagte Gott Josua ausdrücklich, einen Bund mit einem der Stämme in Kanaan einzugehen (5. Mose 7,1–2). Eines Tages jedoch kam eine Karawane von Nomaden zu Josua und behauptete, von außerhalb der Grenzen gekommen zu sein. Sie bettelten darum, dass er mit ihnen einen Friedensvertrag einginge, da sie Angst hatten, zerstört zu werden. Es ist unglaublich, aber wahr: Josua, der Gott sonst immer gehorcht hatte, „[befragte] den Mund des HERRN ... nicht“ (Josua 9,14). Josua glaubte die Geschichte der Gibeoniter und gab ihnen das Gelübde, sie zu schützen, ohne zuvor Gott zu befragen. Nur einige Tage später fand Josua heraus, dass er betrogen worden war.

> Wir können nicht vor Gott davonlaufen, der uns für alles, was wir tun, zur Verantwortung zieht.

Menschlich gesehen hätte Josua versucht sein können, von seinem Gelübde Abstand zu nehmen, denn es stellte sich heraus, dass diese Fremden nicht etwa von weit weg, außerhalb von Israel kamen. Sie wohnten im Tal, nicht weit entfernt. Jeder andere hätte gesagt: „Ich werde mein Gelübde brechen, denn sie haben mich über ihre Herkunft belogen.“ Josua jedoch nicht. Er beschloss, mit den Konsequenzen seiner törichten Entscheidung zu leben. Er hatte seinen Schwur im Namen des Herrn, des Gottes von Israel, gegeben und würde sie, wie versprochen, nicht antasten.

Gott ließ sich dadurch nicht beirren. Wie erwartet beschloss er, das Beste aus Josuas falscher Entscheidung zu machen. Diese Heiden mussten nun zum Nutzen des Volkes Israel als Diener leben. Obwohl sie wie ein Stachel in der Seite der Israeliten lebten, mussten sie wichtige Aufgaben erledigen: zum Beispiel Holz schlagen und Wasser schöpfen. Obwohl die Gibeoniter zum Dienen bestimmt waren, lesen wir, dass sie Jahrhunderte später im Tempel dem lebendigen Gott zur Ehre dienten (Josua 9,27; Nehemia 7,6–7.25).

Was noch besser ist: Weil Josua sein Gelübde gehalten hatte, durfte Israel Gottes Allmacht erleben. Nachdem herausgekommen war, dass die Gibeoniter mit Josua Frieden geschlossen hatten, schlossen sich einige Könige zusammen, um die Gibeoniter anzugreifen, da sie sich mit Josua verbündet hatten. Also musste Josua nun die Gibeoniter wegen seines Gelübdes im Kampf verteidigen. Im Laufe dieses Kampfes wurde Josua Zeuge eines der größten Wunder der Bibel: Sonne und Mond standen beide still am Himmel, bis Josua den Kampf gewonnen hatte. Gott sagte dazu: „Und es war kein Tag wie dieser, weder vorher noch danach, dass der HERR so auf die Stimme eines Menschen gehört hätte; denn der HERR kämpfte für Israel“ (Josua 10,14).

Geistliche Segnungen gelten denen, die sich nicht aus einem Gelübde davonstehlen, weil die Situation zu schwierig geworden ist.

Das ist noch harmlos ausgedrückt! Hätte Josua seinen Schwur gebrochen, hätten wir niemals von einem solchen Wunder lesen können! Ja, Gott hörte auf Josuas Stimme und machte somit deutlich: „Obwohl du dir angemaßt hast, diesen Schwur zu geben, werde ich diese Umstände dazu gebrauchen, um eines der größten Wunder auf dieser Erde zu tun!“

Dieses Versprechen sollten wir uns einmal bewusst machen. König David fragte in Psalm 15,1: „HERR, wer darf in deinem Zelt weilen? Wer darf wohnen auf deinem heiligen Berg?“ Er beantwortet selbst die Frage, indem er die aufzählt, die sich für solch einen besonderen Segen qualifizieren: nämlich der, der seinen Schwur selbst dann einhält, „auch wenn es ihm Nachteile bringt“ (Vers 4; NeÜ).

Denjenigen, die unklug geheiratet haben, und allen denen, die schwer zu haltende Gelübde abgeben haben, sei gesagt: Gott kann dich dennoch segnen. Geistliche Segnungen gelten denen, die sich nicht aus einem Gelübde davonstehlen, weil die Situation zu schwierig geworden ist.

Eine Frau schrieb mir, wie schrecklich sie sich an ihrem Hochzeitstag gefühlt hatte. Sie hatte ihren Freund nur geheiratet, weil er sie verführt hatte und sie sich nun gezwungen gesehen hatte, ihn zu heiraten. Ihre Eltern, die keine Ahnung von ihren Qualen hatten, ermutigten sie, diesen Mann zu heiraten. Wenn sie gekonnt hätte, wäre sie an jenem Tag davongelaufen; nicht nur dass sie ihn nicht liebte, sie war sich sicher, dass sie sich ins Unglück stürzte.

Zu Beginn waren es nur zwei Dinge, die ihre Ehe am Leben hielten: Erstens war Scheidung keine Option. Sie nahmen ihr Gelübde ernst und glaubten nicht, dass es richtig wäre, vor Schwierigkeiten davonzulaufen. Zweitens: Obwohl sie, als sie heirateten, wenn überhaupt, durchschnittliche Christen waren, beschlossen sie, sich in der Gemeinde zu engagieren; sie schlossen sich anderen Ehepaaren an und wollten nicht alleine kämpfen. Auch erlebten sie Segen, weil ihre Eltern für sie beteten. Jahrelang mussten sie kämpfen, aber heute sind sie in der Missionsarbeit tätig. Sie sind der Beweis dafür, dass auch schlecht begonnene Ehen durch viel Gebet und Kampf gut enden können.

Selbst in einer schwierigen Ehe kann Gott Fluch in Segen verwandeln. Suchen Sie nicht nach einem Hintertürchen, auch dann nicht, wenn es schwierig wird.

Bevor Sie sich scheiden lassen

Jemand sagte einmal: „Eine Ehe ist wie eine Operation am offenen Herzen ohne Narkose.“ Immer wieder kann man herzzerreißende Geschichten hören: Ein Mann schrieb mir, dass seine Frau stundenlang im Internet war und über Facebook einen Liebhaber aus ihrer Jugendzeit wieder getroffen hatte. Eine Frau erzählte mir, dass sie entdeckt hatte, dass ihr Mann sie betrog und sie nun nicht wisse, ob sie sich scheiden lassen solle oder nicht. Eine andere Frau sagte, dass ihr Mann ohne ihr Wissen all ihr Erspartes verspielt hatte.

In solchen Situationen scheint eine Scheidung so verlockend zu sein, aber meist ist sie nicht die erwartete einfachste Lösung. Diese Entscheidung führt meist zu endlosen Verwirrungen, Rachegefühlen, Zorn und Bedauern. Am schlimmsten ist es, wenn Kinder betroffen sind, denn sie leiden furchtbar und nehmen ihre Verletzungen und ihren Schmerz in zukünftige Beziehungen mit hinein. Der langjährige Scheidungsanwalt Lou Priolo schreibt: „Die meisten Geschiedenen geben früher oder später zu, dass der Schmerz viel schlimmer war, als sie zuvor geglaubt hatten ... Ausnahmslos alle sagten mir, sie würde nicht noch einmal eine Scheidung durchleben wollen."

Ich las einmal, dass es zwei Dinge gibt, die nicht vorschnell getan werden sollten, nämlich: sich einbalsamieren und sich scheiden lassen. Selbstverständlich sage ich nicht, dass jemand physischen, emotionalen und verbalen Missbrauch in einer Ehe endlos ertragen sollte. Erst recht nicht, wenn Kinder zu Hause leben und durch einen missbrauchenden Elternteil Schaden nehmen könnten. Ich schlage vor, dass sich der leidende Ehepartner so schnell wie möglich Hilfe sucht und der gewalttätige Partner gewarnt wird, dass alles ans Tageslicht kommen werde.

Es gibt viele Ehen, die unglücklich sind – aus dem einen oder anderen Grund. Nicht immer ist die Beziehung missbräuchlich, aber doch sehr angespannt und emotional tot. Solche Ehen müssen gerettet werden. Außerdem muss denjenigen geholfen werden, die sich aus verschiedenen Gründen scheiden lassen möchten. Das gilt auch für die oft genannte Begründung: „Ich habe endlich meinen Seelenverwandten gefunden."

Nach meiner Beobachtung gibt es fünf Mythen, die immer wieder von Menschen geglaubt werden, die aus ihrer Ehe ausbrechen wollen. Fast immer sind diese Mythen der Grund zur Scheidung und bewirken eine Katastrophe für Ehen und Familien.

1. Mein Glück ist das Wichtigste. „Ich kann mir nicht vorstellen, dass Gott will, dass ich den Rest meines Lebens unglücklich bin", sagte mir ein Mann. „Das Christentum lehrt Erfüllung und Glück, und diese Ehe ist eine große Last und wahrlich kein Segen. Ich halte es nicht mehr aus, und meine Kinder werden es schon verkraften, wenn ich mich scheiden lasse."

Ich sage es geradeheraus: Treue ist wichtiger als Glück!

Stellen Sie sich einmal vor, Jesus hätte im Garten Gethsemane gesagt: „Ich werde nicht ans Kreuz gehen, denn so stelle ich mir Glück nicht vor." In dem Fall hätte er die Schmerzen der harten Bestrafung nicht erdulden müssen, aber die Welt wäre auch nicht errettet worden. Was noch viel schlimmer ist: der Vater im Himmel wäre nicht zufriedengestellt worden. Gehorsam, nicht Glück, sollte oberste Priorität haben.

Ein Mann, der seine Ehefrau nach 30 Jahren verließ, um seine Traumfrau zu heiraten, sackte drei Monate nach der Hochzeit tot zusammen. Hätte er gewusst, dass er vor Gott so schnell Rechenschaft würde abgeben müssen, wäre er wahrscheinlich aus seiner Ehe nicht ausgebrochen – egal, ob sie erfüllend war oder nicht. Es ist nun einfach mal so: Wir wissen nicht, was die Zukunft bringt; wir wissen nicht, welche Schlaglöcher vor uns liegen, wenn wir der Meinung sind, unser Glück sei wichtiger als Treue.

Es gibt es keinen Widerspruch zwischen dem, was Gott von uns fordert, und dem, was am besten für uns ist.

Peter Marshall, der berühmte ehemalige Kaplan des US-Senats, sagte einmal: „Wir müssen es ein für alle Mal aus unseren Köpfen bekommen: Unser Sinn im Leben hier auf dieser Erde liegt nicht darin, uns zu amüsieren ... Darum geht es in unserem Leben nicht. Es hat seinen Grund, weshalb Sie leben, und der hat nichts mit oberflächlichen Vergnügungen zu tun. Sie haben kein Recht auf Glück; Sie haben kein Recht auf irgendetwas." [2]

Wir haben keinen Anspruch auf Glück, aber wir haben die Verpflichtung, Gott gehorsam zu sein. Stellen wir jedoch unseren Gehorsam über unser Glück, werden wir gesegnet. Letztlich gibt es keinen Widerspruch zwischen dem, was Gott von uns fordert, und dem, was am besten für uns ist.

In der Jüngerschaft geht es darum, schwierige Entscheidungen zugunsten anderer zu fällen; besonders sollte unser Ziel sein, Gott zu gefallen. Wenn wir trotz allem Leid – auch ehelichem Leid – treu bleiben, wird dies schließlich zu unserem Besten und zu Gottes Ehre ausschlagen.

2. Wenn ich den richtigen Partner treffe, werde ich wahre Erfüllung finden. Bestimmt haben Sie den nachfolgenden Satz in der einen oder anderen Variante schon einmal gehört: „Endlich habe ich meine(n) Seelenverwandte(n) gefunden. Es kommt mir so vor, als hätte ich das fehlende Puzzlestück endlich entdeckt. Das hat nichts mit Sex zu tun. Wir können stundenlang miteinander reden und irgendwie bringt sie/er in mir etwas zum Klingen, etwas, das ich nie für möglich gehalten hätte." Als Nächstes folgt die Trennung, denn die betreffende Person braucht Zeit, „um die Dinge zu durchdenken". Eine Scheidung ist fast unvermeidlich.

> Setzt sich das Ehepaar mit dem Konflikt auseinander, können beide zuversichtlich, gestärkt und gereift aus dem Spannungsfeld herauskommen.

Wenn wir den Mond von der Erde aus betrachten, sehen wir immer nur eine Seite, aber der Mond hat auch eine Rückseite – eine dunkle Seite, die wir niemals zu Gesicht bekommen. So ist es auch, wenn zwei Partner heiraten; sie sind sich nicht bewusst, dass der/die andere auch eine dunkle Seite hat. Schon sehr bald nach der Hochzeit entdeckt man die Realität und ist schrecklich enttäuscht; setzt sich das Ehepaar aber mit diesem Konflikt auseinander, können beide zuversichtlich, gestärkt und gereift aus dem Spannungsfeld herauskommen. Währenddessen lernen sie, was aufopfernde Liebe bedeutet.

Diese Szene hat sich bereits tausendfach abgespielt: Eine Frau, die von ihrem Ehemann meistens ignoriert wird, trifft einen Mann, der sie geradezu anbetet; er liebt ihren Akzent und bemerkt viele Kleinigkeiten an ihr. Sie sagt: „Endlich habe ich den Mann meiner Träume gefunden." Aber nach ihrer Scheidung und Wiederheirat merkt sie, dass die Begeisterung schnell versiegt ist, und entdeckt, dass ihr neuer Mann sehr egoistisch, kontrollierend und manipulierend ist. Fast die Hälfte aller Erst-Ehen enden in Scheidung, wogegen sogar 60 Prozent aller Zweit-Ehen geschieden werden. Ungelöste Konflikte der ersten Ehen werden in die zweiten mit hineingebracht; und nachdem man sich einmal hat scheiden lassen, fällt es beim zweiten Mal schon nicht mehr so schwer.

Vor 30 Jahren sagte mir einer unserer vier Diakone in der *Moody Church*: „Ich verlasse meine Frau. Ich fühle mich wie in einer Wüste, aber nun habe ich meine Oase gefunden." Zehn Jahre später schrieb er mir einen Brief mit seiner Leidensgeschichte. Er berichtete mir, wie sich seine „Oase" als „bittere Galle" entpuppt hatte. Seine neue Frau wies ihn schließlich ab und warf ihn aus dem Haus. Wenn ich mich recht erinnere, hat eines ihrer Kinder Selbstmord begangen. Dieser Exdiakon beichtete mir, dass die trockene Wüste besser gewesen wäre als das stehende, giftige Sumpfgebiet, in welchem er sich anschließend befand. Schnell kann ein wunderschöner Traum zum Albtraum werden.

Es ist besser, die richtige Person zu sein, als die richtige Person zu finden. Jeder von uns hat Schwächen und Schwachpunkte; wir haben verdrehte Gedanken und Wünsche, die sich nach Erfüllung sehnen. Selbst die Person, die allem Anschein nach wunderbar zu Ihnen passt, kann sich in der Ehe als reizbar, rachsüchtig und untreu entpuppen. Und wenn Sie beim ersten Mal nicht die richtige Person gefunden haben, ist es unwahrscheinlich, dass Sie sie beim zweiten Mal finden.

3. Ich kann immer noch fürsorglich sein, auch wenn ich diese Ehe beende und meinen Traumpartner heirate. Gerade erst erzählte mir ein Mann, dass sein Bruder ihm gestanden hatte: „Ich habe eine Affäre, aber sag meiner Frau nichts davon, denn ich liebe sie und die Kinder." Wir können uns so viele Lügen einreden. Wir wollen sie selbst unbedingt glauben, dabei übersehen wir eine offensichtliche Tatsache ... Wenn wir uns nämlich so sehr um andere gesorgt hätten wie um uns selbst, hätten wir uns nicht einreden können, eine Ehe zu beenden, sei mit Liebe vereinbar. Trotzdem glauben wir solche Lügen.

Schon eine emotionale Affäre kann die romantischen Gefühle eines Mannes für seine Ehefrau abtöten und ihm dabei die psychische Energie rauben, die er als Vater für seine Kinder aufbringen müsste. Ein Mann, der sich einredet, seine Frau und Kinder zu lieben, und gleichzeitig dabei egoistisch an eine andere Frau denkt, macht sich selbst nur etwas vor. Die wenigsten verlassen eine Ehe ohne Selbstbetrug. Nein, Sie lieben Ihre Frau und Ihre Kinder nicht, wenn Sie sie verlassen wollen, um Ihre Traumfrau zu heiraten.

4. Ich werde mit den Konsequenzen schon umgehen können. Gott wird mir vergeben und mein Leben wird weitergehen. Vor vielen Jahren sagte mir einmal ein Pastor, der seine Ehefrau wegen einer anderen verließ: „Sicher, das, was ich tue, ist Sünde, aber auch David hat seine Batseba bekommen." Ja, das stimmt. David bekam seine Batseba, aber mit ihr endloses Leid für seine Familie und eine Katastrophe für sein gesamtes Königreich. Ja, Gott hat David vergeben, weil Gott gnädig ist, aber die katastrophalen Konsequenzen waren endlos – nicht nur hier auf dieser Erde, sondern bis in die Ewigkeit hinein. Davids Familie war zerstört, und als seine Söhne starben, gab es keinen Hinweis auf ihre Buße.

Die Einstellung „Es kann schon nicht so schlimm sein, dass Gott mir nicht vergeben würde" beleidigt Gott ernsthaft. Einer Scheidung folgen gewisse Konsequenzen, die nicht ungeschehen gemacht werden können, selbst dann nicht, wenn wir Buße tun; wie unsichtbare, umfallende Dominosteine treffen sie unsere Familien und unser ganzes Umfeld. Unermesslicher Schaden trifft uns, unseren Partner, unsere Kinder und auch andere Christen. Man kann keinen giftigen Efeu pflanzen und dann Tomaten ernten; genauso unmöglich ist es, eine unbiblische Scheidung zu haben und auf einen guten Ausgang hoffen.

5. Er/sie wird sich niemals ändern. Irgendwo habe ich einmal gelesen, dass manche Ehepaare wie Scheibenwischer sind, die sich nie in der Mitte treffen. Jeder Ehepartner macht sein „eigenes Ding", aber zusammen macht man nichts. Jahrelang streiten solche Ehepaare sich über die gleichen Dinge, ohne je eine Lösung zu finden. Also lernen sie, gemeinsam unter einem Dach zu überleben, aber die Regel lautet: „Ich bleibe in meinem Bereich und du in deinem. Ich treibe dich in den Wahnsinn, wenn ich wütend bin, und du mich." Aber genau wie die Scheibenwischer gehen sie hin und her und treffen sich nie.

Einer Scheidung folgen gewisse Konsequenzen, die nicht ungeschehen gemacht werden können, selbst dann nicht, wenn wir Buße tun.

Selbst in den schwierigsten Ehen sollte man niemals die Hoffnung aufgeben. Meine Frau Rebecca und ich sind mit einem Ehepaar befreundet, das sich aus mehreren Gründen scheiden lassen wollte; unter anderem, weil der Ehemann nicht aufhören konnte, mit anderen Frauen zu flirten, und weil er einen Hang dazu hatte, unkluge finanzielle Entscheidungen zu treffen. Wie in vielen Ehen war der Ärger beiderseits sehr groß und bei vielen Anlässen brach er hervor. Bevor er die Scheidungspapiere unterschrieb, kam der Ehemann jedoch zur Besinnung und er wurde sich seines törichten Verhaltens bewusst; er erkannte, dass zu viel auf dem Spiel stand, um es zu verlieren. Deshalb schalteten sie einen Gang zurück und betrachteten ihre Ehe einmal objektiv. Was noch wichtiger war: Beide Ehepartner taten vor Gott Buße und redeten schonungslos und ehrlich miteinander; das hatten sie seit Jahren schon nicht mehr getan. Heute sind sie ein Vorbild als glückliches Ehepaar, dessen Beziehung aus den Ruinen wieder auferstand.

Es gibt Tausende Beispiele von Paaren, die zusammenblieben, die sich durch ihre Schwierigkeiten gekämpft haben und wieder glücklich vereint sind. Viele Paare haben sich durch Untreue, Abhängigkeiten und sogar durch „unüberbrückbare Differenzen" gekämpft. Was, wenn Gott seine Macht zeigen möchte, indem er Sie und Ihren Partner verändern will?

Zweifelsohne gibt es Umstände, in denen Scheidung tragischerweise die einzige Möglichkeit ist, besonders im Fall von wiederholter Unmoral oder andauerndem Missbrauch. Jedoch bereuen die meisten Menschen ihre Scheidung jahrelang, und sie verbringen den Rest ihres Lebens damit, die Scherben, die zurückgeblieben sind, zusammenzufegen.

Wie man das Beste aus einer schlechten Ehe macht

Wie können Sie das Beste aus einer schlechten Ehe machen? Besser gesagt: Wie kann Gott das Beste aus Ihrer schlechten Ehe machen? Er verlässt Sie nicht, wenn Sie ihn am nötigsten brauchen. Wenn er Ihren Partner nicht verändert, so wird er doch Sie verändern, sofern Sie das zulassen. Eine schwierige Ehe ist wie ein Labor, in dem Gottes Treue am deutlichsten zu sehen ist – trotz allem menschlichen Versagen und Bedauern. Bitten Sie Gott, dass er mit Ihnen durch die schwierigen Täler und tiefen Tunnel Ihrer Ehe geht. Seine Treue ist nicht nur da, wenn die Sonne scheint, sondern auch wenn Dunkelheit Ihre engste Beziehung umschließt. Je größer Ihre Not ist, desto mehr ist Gottes Gnade verfügbar.

Eine schwierige Ehe ist wie ein Labor, in dem Gottes Treue am deutlichsten zu sehen ist

Wie sollen wir uns in einer unglücklichen Beziehung verhalten?

Das Grundprinzip lautet: Wenn gegen dich gesündigt wird, so sündige nicht zurück! Es geschieht zu oft, dass der Ehestreit schlimmer wird, wenn man meint, man müsse selbst Vergeltung üben, fluchen, drohen und sich rächen. Ganz klar wird im Neuen Testament gesagt, dass wir davon Abstand nehmen sollen. Selbst Jesus übte keine Vergeltung aus, sondern „übergab [sich dem], der gerecht richtet" (1. Petrus 2,23). Er wartete geduldig, dass Gott in seiner Situation Gerechtigkeit bringen würde. Schwierige Ehen sind der Übungsplatz, an dem die Frucht des göttlichen Charakters lernen kann zu wachsen.

Folgende Schritte können helfen, das Beste aus einer schlechten Situation zu machen:

Lassen Sie Gott im Mittelpunkt stehen

Ich kann mir vorstellen, dass viele Ehepaare für die Besserung ihrer Ehe beten und enttäuscht sind, wenn Gott anscheinend nicht antwortet. Offen gesagt, kann ein Grund für Gottes Schweigen der sein, dass sie ihm trotz ihrer Gebete ihre Ehe und ihre Zukunft nicht wirklich ganz anvertraut haben. Tatsächlich kann gemeinsames Gebet ein Ausdruck für echten Gehorsam sein. Indem man sagt „Ich bete dafür", zeigt man eine gewisse Verantwortung, auch wenn man eigentlich keine Chance mehr für die Ehe sieht und Gottes Gnade zurückweist, die helfen möchte, es mit einem schwierigen Partner auszuhalten.

Wenn man sich und seine Ehe Gott anvertraut, ist das viel mehr, als nur darüber zu beten: Es bedeutet im Grunde genommen, dass man sich, seinen Partner und seine Zukunft völlig Gott, seinem Willen und seinen Absichten übergibt. In meiner Seelsorge gab es Paare, die Angst vor diesem Schritt hatten, weil sie dachten, Gott würde etwas von ihnen verlangen, was sie absolut nicht wollten – zum Beispiel diese Ehe aufrecht erhalten. Ihnen ist jedoch nicht bewusst, dass Gott, wenn man diesen Prozess durchläuft und sein Leben völlig ihm übergibt, auch die Kraft geben wird, gehorsam zu sein. Mit anderen Worten: Gott gibt Kraft, das zu tun, was er von uns verlangt. Mitten in unseren Versuchungen gibt es einen Ausweg – nicht aus der Ehe, sondern aus den Versuchungen, die Ehe aufzugeben, damit wir sie ertragen können (1. Korinther 10,13).

Gott gibt Kraft, das zu tun, was er von uns verlangt.

Unsere Kultur ist so von dem Gedanken besessen, wir müssten uns über unsere Verletzlichkeit definieren. Viele Menschen, die vor Jahren missbraucht oder betrogen wurden, pflegen ihre Verletzungen wie offene Wunden. Damit haben sie immer eine fertige Entschuldigung für ihren Zorn, ihren Kontrollzwang und für ihre Rechtfertigungen; es ist gerade so, als wäre der vergangene Missbrauch erst geschehen. Da sie Unrecht erdulden mussten, haben sie nun das Recht, auch andere ungerecht zu behandeln. Ihr übertriebenes Gerechtigkeitsbewusstsein facht ihren eigenen Zorn immer wieder an; wenn sie aber ihren Ärger Gott überließen und losließen, würde das ihre Kränkung verringern.

Gottes Gnade reicht für alle, die ihren Wunsch nach Gerechtigkeit Gott überlassen.

Es ist eine befreiende Tatsache: Gottes Gnade reicht für alle, die ihren Wunsch nach Gerechtigkeit Gott überlassen. Wenn Gott sagt: „Mein ist die Rache und die Vergeltung" (5. Mose 32,35), nimmt das die Last, für ausgleichende Gerechtigkeit zu sorgen, von ihren Schultern. Es ist schwierig, aber nicht unmöglich, unsere Wunden Gott zu überlassen. Wenn wir bereit sind, auf Vergeltung zu verzichten und Vergebung anzubieten, werden wir „Gnade um Gnade" erfahren (Johannes 1,16). Die offene Wunde vernarbt, weil sie endlich heilen kann.

Überprüfen Sie sich selbst

Hier nun ein paar Ratschläge, die Ihnen vielleicht durch manche Schwierigkeiten helfen können: Wenn etwas in Ihrer Ehe schiefläuft, versuchen Sie nicht, die Schuld beim anderen zu suchen, sondern übernehmen Sie selbst die Verantwortung dafür. Ihr erster Gedanke sollte sein: „Ich habe Schuld." Oft trägt einer der beiden die größere Verantwortung für das Versagen einer Ehe; aber nie ist einer alleine schuld. Ein Grund für Ehestreit ist nicht selten der, dass „jeder sein eigenes Ding machen will". Jemand sagte einmal: „Die Fähigkeit, sich selbst so zu sehen, wie der Partner einen sieht, ist eine göttliche Gabe."

Überprüfen Sie Ihre eigene Seele, und denken Sie darüber nach, wo Sie in dem Konflikt Schuld haben. Ich habe so viele Menschen kennengelernt, die immer nur über ihren Partner klagten und selbst so viele Lasten mit sich herumtrugen. Legen Sie einen Bleistift in ein Glas Wasser und Sie werden feststellen: Er sieht krumm aus. Genauso ist es mit unserer Wahrnehmung von anderen und von uns selbst: Sie ist immer verzerrt. Wenn wir uns so sehen, wie wir wirklich sind, ist das oft so schmerzhaft, dass wir hohe Mauern um uns errichten, die unsere Unsicherheiten und Unzulänglichkeiten verdecken sollen. Zorn, Stolz und Egoismus sind die Ursachen, dass wir alle anderen (besonders den eigenen Ehepartner) als „krumm" ansehen.

Manches Mal bitte ich in der Seelsorge die einzelnen Ehepartner, eine Liste mit den Fehlern des anderen aufzuschreiben. Ergebnisse kommen oft sehr schnell, meistens wird sogar noch mehr Papier gebraucht. Dann bitte ich die beiden, ihre eigenen Schwächen aufzuschreiben, sich ihre Fehler und Sünden bewusst zu machen. Nun folgen in der Regel lange Pausen, die Leute rollen mit den Augen, als hätten sie nichts aufzuschreiben. Schnell wird klar, dass sie die Fehler des Ehepartners mit hundertprozentiger Sehschärfe sehen, für ihre eigenen Fehler jedoch völlig blind sind. Nach jahrelangem Selbstbetrug haben viele einfach nicht mehr den Blick dafür, wie sie wirklich sind.

Unsere Wahrnehmung von anderen und von uns selbst ist immer verzerrt.

Manchmal sind die Menschen sich ihres eigenen Zorns, ihrer Faulheit, ihrer Kontrollsucht, ihrer Verschwendungssucht oder ihrer Besessenheit gar nicht bewusst. Sie verlangen von ihrem Partner Dinge, die sie selbst nicht zu halten bereit sind. Manche sind defensiv und können keine Fehler zugeben. Sie wollen sich nicht mit den ungelösten Problemen auseinandersetzen, die dazu führen, dass sie Liebe weder geben noch annehmen können. Eine Frau versucht zum Beispiel möglicherweise Kontrolle über ihren Mann auszuüben, sie manipuliert ihn und setzt dabei schlechte Laune oder Drohungen ein.

Oder sie baut vielleicht absichtlich hohe Mauern in ihrer Beziehung auf, die ihr das vermeintliche Recht geben, ihn zu beschuldigen, falls er einmal ärgerlich werden sollte. Wenn sie ihre unguten Gefühle noch nährt, wird sie für die Liebe ihres Mannes nicht mehr empfänglich sein, und damit macht sie es ihm unbewusst unmöglich, sie noch zu lieben. Wenn sie Angst vor Intimität hat, wird sie für ständigen Streit sorgen, damit sie den Sex mit ihrem Mann verweigern kann.

Der Mann hingegen wird vielleicht passiv-aggressiv, er kommuniziert nicht mehr mit ihr, und falls doch, beschränken sich seine Antworten auf „Ja" und „Nein" oder – schlimmer noch – auf ein Brummen. Er will seiner Frau und seinen Kindern zeigen, dass er sauer ist, und er fühlt sich berechtigt, ihnen Liebe und Fürsorge zu verweigern. Auch er schaufelt Gräben in seiner Beziehung und erwartet, dass seine Frau sich ändert oder entschuldigt. Kommunikations- und Handlungsverweigerung soll jedem klarmachen: „Ich wurde falsch behandelt und habe nun das Recht, ärgerlich zu sein." Die Vorstellung, er selbst könnte schuld sein oder zumindest Anteil am Streit haben, kommt ihm gar nicht erst in den Sinn.

Manche leben schon so lange mit der Leugnung der eigenen Fehler, dass sie gar nicht mehr für geistliche Seelsorge empfänglich sind. Jede Korrektur wird höflich zurückgewiesen. Manchmal kann nur ein traumatisches Erlebnis die beiden wachrütteln, damit sie sich endlich wieder einmal objektiv wahrnehmen. Sie rechtfertigen sich immer wieder, weil sie Angst davor haben, ihre eigene Leere und Unsicherheit zu zeigen.

Seelsorger oder Therapeuten können helfen, aber nur bis zu einem gewissen Punkt. Gott muss in unsere Seelen eindringen, damit wir uns so sehen können, wie er uns sieht. Harmonie in der Ehe kann nur dann beginnen, wenn wir wie David beten: „Erforsche mich, Gott, und erkenne mein Herz. Prüfe mich und erkenne meine Gedanken! Und sieh, ob ein Weg der Mühsal bei mir ist, und leite mich auf dem ewigen Weg!" (Psalm 139,23–24).

Lernen Sie die Lektion der Vergebung

„Das, was du nicht vergibst, das gibst du weiter!“ Diese Wahrheit ist grausam, weil wir damit unsere Sünden an die nächste Generation weitergeben. Ohne Vergebung gibt es keine Hoffnung auf Frieden und Ruhe in unseren Beziehungen.

In einem späteren Kapitel werden wir uns noch mit der Frage beschäftigen, wie wir handeln sollen, wenn uns jemand verletzt hat. Deshalb will ich hier nur auf die eine Frage eingehen, wie wir unserem Partner vergeben können, wenn er uns Unrecht getan hat. Oftmals gehen Menschen eine Ehe unsicher oder mit ungeklärten Fragen ein. Was die Sache schlimmer macht, ist, dass sie sich nicht bewusst sind, wie ihre Vergangenheit den Partner beeinflussen wird. Wenn sie heiraten, sagen sie mehr oder weniger: „Partner, heile meine Wunden, aber berühre sie nicht, denn sonst werde ich zornig, ärgerlich und du wirst es schwer haben, mit mir zu leben.“ Leider ist es unmöglich, eine Wunde zu heilen, ohne sie zu berühren. Genauso wie es unmöglich ist den Grand Canyon mit einer Schaufel zuzuschütten.

Vergebung ist eine Willensentscheidung, die getroffen wird, ob man sich danach fühlt oder nicht.

Wie können wir lernen zu vergeben? Wie können wir verhindern, bitter zu werden, wenn uns ständig Unrecht getan wird? Wir müssen uns immer wieder bewusst machen, wie viel uns von Gott vergeben wurde und wie groß seine Liebe zu uns ist. Nur so bekommen wir den Geist der Vergebung. Wir brauchen Gottes Hilfe, um so handeln zu können, wie wir wissen, dass es richtig ist: Vergebung ist eine Willensentscheidung, die getroffen wird, ob man sich danach fühlt oder nicht.

Drei Dinge müssen geschehen, damit wirkliche Versöhnung geschehen kann: 1. Vergebung muss erbeten und garantiert werden; 2. Vertrauen muss wieder aufgebaut werden; 3. Die Beziehung muss von Respekt geprägt sein. Wahre Vergebung und Versöhnung zeigt sich, wenn die Zukunft der Beziehung nicht mehr durch die Vergangenheit kontrolliert wird. Ein Mann erzählte mir einmal, dass er seiner Frau vor Jahren eine Affäre gebeichtet hatte. Sie hatte ihm gesagt, sie würde ihm vergeben, aber jedes Mal, wenn sie einen Streit hatten, hielt sie ihm diese Affäre wie eine Triumphkarte unter die Nase und machte ihm deutlich, was für ein Scheusal er war.

Wahre Vergebung und Versöhnung zeigt sich, wenn die Zukunft der Beziehung nicht mehr durch die Vergangenheit kontrolliert wird.

Gott behandelt uns nicht so. Wenn wir unsere Sünden bekennen, dann vergibt er sie uns tatsächlich. Die Konsequenzen müssen wir tragen, aber nicht mehr Schuld und ein geplagtes Gewissen. Jemand sagte einmal über ein Paar, das gestritten hatte: „Sie haben das Kriegsbeil begraben, aber das Grab war flach und gut gekennzeichnet." Und der Weg dorthin war wahrscheinlich gut ausgetreten.

Was aber, wenn uns unser Partner Unrecht tut und nicht um Vergebung bittet? Wir brauchen Hilfe für unsere Beziehung, aber zwischenzeitlich müssen wir treu sein, so wie Gott treu bezüglich unserer unbewussten Sünden in unserem Leben ist. Wir können weder das Herz noch das Verhalten unseres Partners ändern, aber Gott kann es. Und manchmal tut er es, wenn wir ihn zuerst bitten, unseres zu ändern. Vielleicht müssen wir lernen, mit ungelösten Konflikten zu leben, ohne dass der tiefe Schmerz innerlicher Verletzungen minimiert wird, zugefügt von Menschen, die nicht bereit sind, für ihre Fehler geradezustehen. Die folgende Beschreibung von Reinhold Niebuhr ist sehr treffend:

Vergebende Liebe ist nur für die möglich, die wissen, dass sie nicht gut sind; die wissen, dass sie göttliche Gnade brauchen; für die, die in einer tieferen und höheren Dimension als der moralische Idealismus leben; für diejenigen, die wissen, dass sowohl sie als auch ihre Mitmenschen wegen ihrer Sünden vor Gott schuldig sind und dass die Unterschiede zwischen guten und schlechten Menschen vor Gott bedeutungslos sind. [3]

Vergebung – besonders wenn sie nicht erbeten ist – ist schwer und bedarf großer Gnade. Solche Vergebung allein bringt nicht die echte Versöhnung, aber sie bringt ein gewisses Maß an Frieden in einer schwierigen Ehe. Sie kann durch Gottes Gnade vielleicht zu einer Brücke werden, auf der sich Mann und Frau wieder begegnen können.

Wenn eine Ehe scheitert, sollte man sich nicht zuerst fragen: „Wie komme ich hier heraus, ohne weiteren Schaden zu erleiden?“ Man sollte sich eher fragen: „Wie kann ich Gott trotz dieser schmerzvollen Erfahrung noch ehren?“ Gott kann uns vor Ehestürmen bewahren, aber manchmal geht er auch mit uns mitten hindurch. Dadurch lernen wir Ausdauer, Geduld und Glauben.

Die Belohnung für Ausdauer

James Fraser war ein schottischer Pastor, der im 18. Jahrhundert lebte. Seine Frau war dafür bekannt, dass sie sehr halsstarrig war. Wenn er abends nach Hause kam, ging er schnurstracks in sein Studierzimmer, wobei er das Zimmer seiner Frau mied, da er sonst wieder eine Standpauke über sich ergehen lassen musste. Seine Frau kontrollierte das Lampenöl sowie die Kohle, und sie würde ihm nicht erlauben, in seinem Zimmer Feuer zu machen, um seine Hände zu wärmen. Wenn ihm im Winter kalt war, lief er mit ausgestreckten Händen in seinem dunklen Zimmer hin und her. Nachdem er gestorben war, fand man Handabdrücke an den Wänden, gegen die er bei seinen nächtlichen „Spaziergängen“ gelaufen war.

Als andere Pastoren ihre Frauen lobten, sagte er: „Meine Frau war besser als alle eure Frauen zusammen, denn wegen ihr ging ich siebenmal täglich auf die Knie. Ich glaube kaum, dass eure Frauen euch dazu gebracht haben!“

> Vergebung allein bringt nicht die echte Versöhnung, aber sie bringt ein gewisses Maß an Frieden in einer schwierigen Ehe.

Fraser hat das Beste aus seiner schwierigen Ehe gemacht. Ihm war bewusst geworden, dass aus jeder Schwierigkeit auch etwas

Gutes entstehen kann, wenn wir entsprechend darauf reagieren. Er wusste, dass die Probleme etwas Reinigendes an sich hatten und dass das Leid in seiner Ehe Teil dieses Reinigungsprozesses war.

Wenn Sie Schwierigkeiten in Ihrer Ehe haben, dann halten Sie sich an diese Zusage: „Opfere Gott Dank und erfülle dem Höchsten deine Gelübde, und rufe mich an am Tag der Not, ich will dich erretten, und du wirst mich verherrlichen!" (Psalm 50, 14–15).

Gebet

Vater, heute befehle ich dir meine Ehe an; ich lege alle Last, die mein Ehegelübde mir bereitet, in deine fähigen Hände. Hilf mir zu verstehen, dass ich meinen Partner nicht ändern kann, sondern du. Ich befehle dir meinen Ehepartner an. Ich glaube, dass du das tun kannst, was ich nicht kann. Hilf mir, dass ich nicht mehr kritisiere, manipuliere und meinen Partner verurteile, sondern Liebe und Toleranz an den Tag lege. Verwandele unser Bedauern und Klagen in Segen und unsere schmerzvolle Vergangenheit in etwas, das dich ehrt.

4

Wenn Sie eine moralische Grenze überschritten haben

Ihr Geheimnis ist aufgeflogen

David wäre der Letzte gewesen, dem man so etwas zugetraut hätte. Er beging Ehebruch mit der Frau eines anderen, dann ließ er ihren Mann ermorden, um sein Vergehen zu vertuschen. Obgleich er seine egoistische Entscheidung für sich selbst in seinen eigenen vier Wänden getroffen hatte, hatte sie nicht nur für ihn weitreichende Konsequenzen, sondern darüber hinaus auch für andere. Er kompromittierte eine Frau, deren Treue eigentlich ihrem Mann gehörte, und sowohl sie als auch er musste mit einer ungewollten Schwangerschaft fertig werden. Er verlor seine moralische Autorität seinen Kindern gegenüber und musste zusehen, wie seine Familie und sein Königreich zerfielen. Trotz dieser schrecklichen Konsequenzen von Davids Sünde fand Gott eine Möglichkeit, das Beste aus Davids verheerender Entscheidung zu machen.

Ich habe dieses Kapitel für einen Freund geschrieben, dessen 15-jährige Enkelin gerade ein Baby bekommen hat. Der Vater des Kindes ist ein Junge, der kaum älter ist als sie. Ich habe es auch für all diejenigen geschrieben, die sehr zu ihrem Verdruss festgestellt haben, dass bereits der kleinste sexuelle Fehltritt zahlreiche, unerwartete Konsequenzen nach sich ziehen kann. Und es ist für all jene, die durch sexuelle Sünde schuldig geworden sind und sich nun fragen, ob Gott ihnen vergeben kann und ob es überhaupt möglich ist, aus dieser schlimmen Lage wieder herauszukommen.

Jeder Mensch ist ein sexuelles Wesen. Wir haben überhaupt keine Vorstellung davon, wie viel Energie und Aufwand jeden Tag von Menschen in sexuelle Fantasien gesteckt werden. Wir leben in einer sexualisierten Welt, die Reinheit vor der Ehe als ein Relikt aus alter Zeit lächerlich macht. Selbst die Vorstellung einer verbindlichen Beziehung zwischen einem Mann mit nur einer Frau scheint zu beengend zu sein. Tausende von Menschen entdecken zu spät, dass es gute Gründe dafür gibt, seine Jungfräulichkeit bis zur Ehe aufzubewahren und dem einen Partner treu zu sein „bis dass der Tod sie scheidet". Zu viele Menschen reden sich ein, dass außerehelicher Sex nicht falsch sein kann, weil ihre Beziehung doch so erfüllend oder wunderbar ist – oder weil sie nun „ihren Seelenverwandten" gefunden haben. Wir alle neigen dazu, solche Lügen zu glauben, weil unser Verlangen so stark und gnadenlos ist. Der menschliche Verstand redet uns das ein, was unser Herz meint, haben zu müssen.

Der menschliche Verstand redet uns das ein, was unser Herz meint, haben zu müssen.

König David war ungefähr 47, als er eine Entscheidung traf, die ihn sein Leben lang verfolgen sollte. Meiner Meinung nach wäre es besser gewesen, er wäre ein Jahr vor diesem Ereignis gestorben. Wir hätten ihn als einen Leiter, einen König, „einen Mann nach dem Herzen Gottes" und ohne diesen dunklen Fleck in seinem außergewöhnlichen Vermächtnis in positiver Erinnerung behalten. Und dennoch gibt es Grund, für Davids Versagen dankbar zu sein: Wir sehen darin, dass Gott noch etwas Positives aus einer sehr falschen Entscheidung machen kann.

Gewiss kennt jeder die Geschichte aus 2. Samuel 11. David blieb zu Hause, anstatt auf das Schlachtfeld zu ziehen, wo eigentlich sein Platz gewesen wäre, um sein Heer anzuführen. Er wachte nach einem Nickerchen auf dem Dach seines Hauses auf, schaute sich um und entdeckte eine wunderschöne Frau, die ein Bad nahm: Batseba. Davids Blut kam in Wallung, und sofort ersann er einen Plan, wie er sich diese Frau nehmen könnte. In der Glut seiner Leidenschaft ignorierte er alle Bedenken in Bezug auf seine Integrität, seine moralischen Verpflichtungen und seine Familie – ganz zu schweigen von Batseba und ihrer Familie. Er konzentrierte sich nur auf seine Begierde, die in jenem Moment alles andere ausschaltete.

Die Schritte, die zu einem moralischen Fehltritt führen

Davids Teufelskreis folgt dem gleichen bekannten Muster wie bei vielen anderen, die in sexuelle Sünde gefallen sind.

Zuerst sah er die Frau.

„Es geschah zur Abendzeit, dass David von seinem Lager aufstand und sich auf dem Dach des Königshauses erging. Da sah er vom Dach aus eine Frau baden. Die Frau aber war von sehr schönem Aussehen“ (2. Samuel 11,2). Seine sexuelle Lust war sehr schnell erregt, als er ihre wunderschöne Silhouette sah. Er schaute, und dann starrte er; er beobachtete sie und holte schließlich Erkundigungen über sie ein. In seinem Kopf ersann er eine Szene, die er bald zur Wirklichkeit werden lassen würde.

Lassen Sie uns einen Moment lang darüber nachdenken, was David nicht sah. Er sah nicht die Schande, die über ihn kommen würde; er sah nicht, dass wegen seines schlechten Vorbilds vier seiner Söhne zerstört werden würden. Er sah nicht den Zerfall seines Königsreiches. Wie anders wäre alles gekommen, hätte

David gesehen, welche Konsequenzen folgen und wie sie alles zerstören würden, was ihm wichtig war! Aber in jenem Moment war nur die Euphorie wichtig. In dem Moment, als er das Zusammentreffen mit Batseba plante, rebellierte er auch nicht bewusst gegen Gott. Er hatte ihn ganz einfach vergessen.

David dachte nicht: *Ich hasse Gott und seine Gebote!* In solchen Momenten empfinden wir nicht etwa Hass gegenüber Gott, wir vergessen ihn einfach. Ein Mann, der auch solch einen Weg einschlug, sagte mir einmal: „Heute werde ich es mir gutgehen lassen, morgen werde ich mich wieder mit dem Teufel und mit Gott befassen." Der verlockende Augenblick blendet alles vernünftige Denken aus. Wir fühlen, anstatt nachzudenken.

Wie anders wäre die Geschichte ausgegangen, hätte David gebetet: „Gott, ich danke dir, dass du so eine wunderschöne Frau erschaffen hast. Ich weiß, sie gehört einem anderen Mann. Und Gott, ich danke dir auch für meine vielen anderen Frauen, die du mir gegeben hast. Danke für alle meine Kinder und die vielen unverdienten Segnungen. Du bist so gut zu mir; hilf mir, mit dem zufrieden zu sein, was du mir gegeben hast." Anschließend hätte er sich umgedreht und wäre wieder ins Haus gegangen.

Nachdem er seinen Gefühlen nachgegeben hatte, gab es kein Zurück mehr.

Stattdessen warf er den Anker in einem Fluss aus, dessen Strömung und Tiefe immer größer wurden. Auf seiner gefährlichen Reise konnte er die wilden Stromschnellen, die hinter der nächsten Kurve lauerten, nicht erkennen. Bald würde er die Kontrolle über das immer schneller werdende und schwankende Boot verlieren. Nachdem er seinen Gefühlen nachgegeben hatte, gab es kein Zurück mehr.

Alles hatte damit begonnen, dass David *sah.*

Dann *sandte* David *hin.*

„Und David sandte hin und erkundigte sich nach der Frau" (2. Samuel 11,3). Es wäre doch interessant zu wissen, was David seinen Dienern sagte, als er sie losschickte, damit sie sich nach der Frau „erkundigten". Vielleicht: „Wisst ihr, ich lebe schon so lange hier in der Gegend. Gerade erst ist mir bewusst geworden, dass ich meine Nachbarn gar nicht wirklich kenne. Würdet ihr bitte herausfinden, wer dort drüben in dem Haus wohnt? Vielleicht werden wir sie ja irgendwann einmal einladen, und wir sollten doch vorher wissen, wen wir uns ins Haus holen."

Zweifellos log David bezüglich seiner Absichten. Ein Mensch, der sexuell sündigt, hat sich die Lüge bereits im Herzen vorgenommen. Warum auch nicht? Wenn Sie die Absicht haben, Ihren Ehepartner zu betrügen, ist die Lüge dagegen eine Kleinigkeit. Hat man erst einmal ein Gebot gebrochen, fällt es beim zweiten gleich leichter; manchmal erscheint es sogar richtig. Das Vertuschen von Sünde zieht Betrug nach sich und Betrug die Lüge.

David *sah.*

David *sandte hin.*

David *ließ sie holen.*

„Da sandte David Boten hin und ließ sie holen. Und sie kam zu ihm, und er lag bei ihr" (2. Samuel 11,4). Wir würden gerne wissen, warum Batseba auf die Avancen des Königs einging. Fühlte sie sich geschmeichelt, weil sie dem König gefiel, oder tat sie es aus Gehorsam? Zweifellos dachte sie, dass der König immer das bekam, was er verlangte. Vielleicht sagte sie sich auch: „Endlich habe ich meinen Seelenverwandten gefunden. Mein Ehemann Uria ist sowieso immer auf dem Schlachtfeld und wir haben uns auseinandergelebt."

Es ist vorstellbar, dass Davids Herz und Verstand gegeneinander kämpften. Einerseits war da die Euphorie der sexuellen Anziehungskraft, andererseits das Wissen, dass er im Begriff war, etwas zu tun, was er bei keinem seiner Untergebenen geduldet hätte. Nachdem er mit Batseba geschlafen hatte, dachte er wahrscheinlich, dass es ja nur ein One-Night-Stand war. Sie würde wieder in ihr Haus zurückgehen und alles wäre gut. Wenn jemals ein Verdacht aufkommen würde, würde ihr Wort gegen das des Königs stehen.

Doch unerlaubte Beziehungen können nie von allem anderen getrennt werden. Und irgendwie hat sexuelle Sünde immer ungewollte Folgen, deren Auswirkungen auf andere Beziehungen und Lebensbereiche überschwappen. So wie Eva nur die Frucht des verbotenen Baumes und nicht das giftige Ergebnis sah, dachten David und Batseba, ihre Beziehung würde nach ihrem Stelldichein genauso schnell enden, wie sie begonnen hatte. Aber dem war nicht so. Es ist es niemals so!

Nehmen wir einmal an, Batseba wäre nicht schwanger geworden. Wären sie und David mit ihrem geheimen Treffen „einfach so" davongekommen? Vielleicht hätten sie ihre Sünde nicht vertuschen müssen, auf alle Fälle hätten sie nicht einfach wieder zur Tagesordnung übergehen und so weiterleben können wie bisher.

Zum einen hätten sie mit ihrer eigenen Schuld fertig werden müssen; sie hätten Gefühle gehabt, die sich nicht so leicht hätten verdrängen und ignorieren lassen. Vor allem aber wäre die Angst da gewesen – die Angst davor, dass andere Menschen womöglich bereits wussten, was geschehen war.

Zum anderen hätten beide ihr Geheimnis vor ihren Ehepartnern verbergen müssen. Für David, der viele Frauen hatte, wäre es wahrscheinlich einfacher gewesen als für Batseba, die nur einen Mann hatte. Wenn Uria vom Schlachtfeld gekommen wäre, hätte sie ihn belügen und so tun müssen, als wäre sie während seiner Abwesenheit enthaltsam gewesen.

Es ist auch denkbar, dass David und Batseba ihre heimliche Liaison weitergeführt hätten. Nachdem sie einmal die Intimität des Geschlechtsverkehrs genossen hatten, wäre die Euphorie der ersten gemeinsamen Nacht ein starkes Motiv gewesen, die Beziehung weiterzuführen. Nachdem einmal die moralische Grenze überschritten wurde, hat man beim zweiten Mal kein so schlechtes Gewissen mehr.

Aber nun, da Batseba schwanger war, musste das Problem in Angriff genommen werden. Würde so etwas heute geschehen, ließe man wahrscheinlich eine heimliche Abtreibung vornehmen.

Aber das war hier keine Option. Jetzt war eine dritte Person involviert. Dieses Baby würde alles verändern. Als Batseba die Nachricht der Schwangerschaft an David überbracht hatte, wusste er, dass er eine Lösung für diese missliche Lage finden musste.

Die Vertuschung

Wenn unsere Sünde droht aufzufliegen, suchen wir allerhand Möglichkeiten, unser falsches Handeln zu vertuschen und die Konsequenzen weitgehend geheim zu halten. Darin unterschied sich David nicht von uns – wenngleich wir nicht wissen, ob Batseba in Davids Plan eingeweiht war.

Wenn unsere Sünde droht aufzufliegen, suchen wir allerhand Möglichkeiten, unser falsches Handeln zu vertuschen.

Plan A war, Uria vom Schlachtfeld zu holen, damit er mit seiner Frau schlafen würde. Das schien ein wasserdichter Plan zu sein. Welcher Mann hat nach Wochen oder Monaten der Enthaltsamkeit keinen „Nachholbedarf" mit seiner Frau? Wenn Uria mit Batseba schliefe und sie schwanger würde, wäre das nicht weiter verwunderlich. David gab Uria sogar einige Geschenke mit, um die Romantik zwischen ihm und seiner schönen Frau anzufachen. Da aber Uria ein guter Soldat war, verweigerte er die Annehmlichkeiten zu Hause, während seine Soldaten draußen auf dem Feld schlafen mussten. Also verbrachte er die Nacht bei den Wachsoldaten am Tor des Königspalastes und ging gar nicht erst zu seiner Frau nach Hause.

Plan A war also gescheitert.

Anschließend machte David Uria betrunken in der Hoffnung, dies würde ihn seine Loyalität gegenüber seinen Soldaten vergessen lassen. Jemand sagte einmal: Uria war betrunken ein besserer Mann als David im nüchternen Zustand. Wieder weigerte sich Uria, nach Hause zu seiner Frau zu gehen, und erneut schlief er bei den Wachen am Tor des Palastes.

Denken wir noch einmal darüber nach: Wie hätte David in seiner misslichen Lage am besten handeln sollen? Er hätte Uria zu sich bestellen und ihm gestehen sollen: „Uria, deine Frau ist schwanger und ich bin der Vater des Kindes." Hinterher hätten sie über Sorgerecht und so weiter sprechen müssen. Zugegeben, das wäre eine sehr schwierige Unterhaltung geworden, aber es wäre besser gewesen als das, was sich stattdessen abspielte. David wählte zunächst den vermeintlich leichteren Weg; hätte er aber seine Sünde bekannt und dafür geradegestanden, wäre ihm das nachfolgende große Leid erspart geblieben.

Denken wir einmal darüber nach, was gewesen wäre, wenn der frühere US-Präsident Bill Clinton seine Affäre mit Monica Lewinsky sofort zugegeben hätte, anstatt unter Eid zu lügen und damit die Untersuchungen sowie die eigene Schande unnötig hinauszuzögern. Die Wahrheit – selbst die peinlichste Wahrheit – ist immer besser als Betrug und Täuschung.

> Jedes Mal, wenn wir uns auf den Weg des Betruges begeben und versuchen, unsere Sünde zu vertuschen, werden wir immer tiefer fallen.

Als nun nach Plan A auch Plan B versagt hatte, sagte David sich, dass es Dinge gibt, die ein Mann nun einmal tun muss. Jedes Mal, wenn wir uns auf den Weg des Betruges begeben und versuchen, unsere Sünde zu vertuschen, werden wir immer tiefer fallen. Es gibt Zeiten, in denen Karriere und der eigene Ruf wichtiger zu sein scheinen als Integrität. Im Fall von David, der Macht und Autorität eines Königreiches hatte, geriet alles außer Kontrolle. Er sandte Uria mit einem Schreiben an den Heerführer Joab wieder zurück aufs Schlachtfeld. Darin stand: „Stellt Uria dahin, wo die Kampffront am härtesten ist, und zieht euch hinter ihm zurück, dass er getroffen wird und stirbt" (2. Samuel 11,15).

Als ein Bote mit der Todesnachricht von Uria zu David zurückkam, sagte David: „So sollst du zu Joab sagen: Lass diese Sache nicht so schlimm sein in deinen Augen! Denn das Schwert frisst bald so, bald so. Führe deinen Kampf gegen die Stadt entschlossen fort und reiße sie nieder! So ermutige ihn!" (2. Samuel

11,25). Mit anderen Worten sagte David: „Ja, das Leben ist hart. Verluste gibt es immer. Mach dir keine Sorgen um den einen getöteten Soldaten, denn ich zerbreche mir darüber auch nicht den Kopf." Eine weitere Folge der Vertuschung von Sünde ist das weite Gewissen, das das Herz hart gegenüber dem macht, was gut, wahr und ehrenwert ist. Wie sonst hätte David so kaltherzig antworten können?

> Vertuschung von Sünde führt zu einem weiten Gewissen, das das Herz hart gegenüber dem macht, was gut, wahr und ehrenwert ist.

Wir wollen einmal einen Moment lang darüber nachdenken und uns fragen: Wie gut klappt es mit der Vertuschung von Sünde? David kennt die Wahrheit, Batseba kennt die Wahrheit, Joab kennt die Wahrheit – und bald werden alle in Jerusalem die Wahrheit kennen (neun Monate – so weit kann jeder zählen). Außerdem wird Nathan davon erfahren, denn unglücklicherweise kennt Gott die Wahrheit. Beachten Sie, wie das Kapitel endet: „In den Augen des HERRN aber war die Sache böse, die David getan hatte" (2. Samuel 11,27).

David tat so, als würde seine Vertuschung funktionieren, und sollte dem nicht so sein, dann wollte er davon nichts wissen. Er lernte, sein belastetes Gewissen um seines Rufes und des vermeintlichen Wohls seines Landes willen zu ignorieren.

Manchmal möchte man diese nervende kleine Stimme des Gewissens einfach ausschalten.

Aber Gott, der David zu sehr liebte, als dass er ihn damit davonkommen lassen wollte, sandte einen Propheten, der ihn wieder in die Realität zurückholen sollte. Auch Sie liebt Gott zu sehr, als dass er Sie mit solchen Sünden davonkommen lassen wird.

Davids Herz wird aufgedeckt

Der Prophet Nathan gebrauchte eine einfache Geschichte mit einem starken Kern, um David zum Zuhören zu bewegen (siehe

2. Samuel 12). In dieser Geschichte kommt ein Besucher zu einem reichen Mann, der viele Schafe und Herden hat. Aber statt für die Verköstigung seines Gastes eines seiner Tiere zu schlachten, nimmt der reiche Mann das einzige Lamm seines armen Nachbarn.

Als David diese Geschichte hörte, wurde er zornig und er sagte: „Der Mann, der das getan hat, muss sterben! Das Lamm aber soll er vierfach erstatten, dafür, dass er diese Sache getan hat, und weil er kein Mitleid hatte" (vgl. 2. Samuel 12,5–6).

Er wusste nicht, dass er damit sein eigenes Urteil gesprochen hatte. Nathans Antwort schoss mitten ins Herz des Königs: „*Du* bist der Mann" (2. Samuel 12,7; Hervorhebung durch den Autor). David war der reiche Mann in der Geschichte, er war derjenige mit Prestige und vielen Frauen, und dennoch hatte er die Frau seines Freundes Uria gestohlen! Das Schlimmste war, dass er seine Tat noch mit Mord zuzudecken versucht hatte.

David war so selbstgerecht, dass er die Schuld eines anderen aufbauschte und seine eigene kleinredete.

David hätte sich in Nathans Geschichte wiedererkennen und sagen müssen: „Genau das habe ich getan – nur dass es bei mir kein Schaf, sondern die Frau eines anderen war, die ich gestohlen habe. Deshalb ist meine Sünde umso größer!" Jedoch war David so selbstgerecht, dass er die Schuld eines anderen aufbauschte und seine eigene kleinredete. Um mit Jesu Vergleich aus Matthäus 7,3–5 zu sprechen, glaubte David tatsächlich, dass der Balken in seinem Auge einem anderen gehörte. Wir sorgen uns so sehr um die Fehltritte unserer Mitmenschen, während unsere eigene Sünde uns eiskalt lässt.

David sagte, dass der Mann das Vierfache erstatten sollte und Gott nahm ihn beim Wort. Später wurden während eines Konflikts in Davids Familie vier seiner Söhne getötet. Außerdem starb das Kind, das Batseba ihm gebar. Jesus sagte: „Richtet nicht, damit ihr nicht gerichtet werdet! Denn mit welchem Gericht ihr richtet, werdet ihr gerichtet werden" (Matthäus 7,1–2).

Gott sagte David auch, dass das, was er heimlich getan hatte – nämlich mit der Frau eines anderen zu schlafen – in aller Öffentlichkeit mit seinen Frauen geschehen würde. Diese Prophezeiung erfüllte sich, als Davids rebellischer Sohn Absalom Davids Frauen nahm und in aller Öffentlichkeit mit ihnen auf dem Dach des Hauses schlief.

Was für Zustände!

Das Beste aus einer moralischen Fehlentscheidung machen

Bestimmt denken Sie jetzt: *In dieser Geschichte kann ich nichts von Gnade finden, nur von Gericht. Wie sollte aus dieser Sache noch etwas Gutes erwachsen? Wo sollte man hier denn Ermutigung finden, dass Gott noch etwas Positives aus diesem Durcheinander macht?*

Davids schreckliche Lage erinnert mich an eine Situation vor vielen Jahren, die letztlich doch einen positiven Ausgang hatte. Ein mir bekannter Pastor musste seine Anstellung in seiner Gemeinde kündigen, nachdem er eine Affäre gehabt hatte. Was die Sache noch schlimmer machte: Die Frau war auch noch schwanger geworden. Erstaunlicherweise hielt seine Ehe dieser Krise stand, aber der Mann der schwanger gewordenen Ehefrau reichte die Scheidung ein.

Ich erinnerte mich nur noch vage an diese Tragödie, als ich eines Tages – 35 Jahre später – von einem Mann angerufen wurde, der das Ergebnis dieser Liaison war. Er erzählte mir, wie er von seiner biologischen Mutter mit der Unterstützung seines Vaters und seiner „Stiefmutter" großgezogen wurde. Mittlerweile hatte er eine gläubige Frau geheiratet und gemeinsam dienten sie dem Herrn.

Als ich diese Geschichte gehört hatte, konnte ich Gott nur dafür danken, dass er oftmals aus schrecklichen, sündvollen Situationen doch etwas Gutes macht. Wenn unsere Welt

Wenn wir Gott vertrauen, wird er uns mit seiner Vergebungsbereitschaft und Gnade überraschen.

auseinanderzufallen droht, können wir oft nichts Gutes erkennen; doch wir haben keine Vorstellung davon, was Gott aus unserem Durcheinander machen kann, wenn wir Buße tun und ihm Zeit geben. Ich frage mich, was Gott wohl getan hätte, wenn David seine Sünde bekannt und bereinigt hätte, anstatt alles selbst regeln zu wollen.

Wenn wir Gott vertrauen, wird er uns mit seiner Vergebungsbereitschaft und Gnade überraschen. Schließlich gebrauchte er Davids Fehlverhalten, um damit seine guten Absichten zu verfolgen. Vieles war verloren und war nicht wiedergutzumachen, aber ein Teil der Vergangenheit war bereinigt worden.

Die Gnade der Vergebung

Nachdem sich David endlich seiner Sünde bewusst geworden war, schrieb er wunderbare Verse im 1. Kapitel des 32. Psalms: „Glücklich der, dem Übertretung vergeben, dem Sünde zugedeckt ist!" (Psalm 32,1). David konnte nicht wieder auf „Start" zurückgehen, er konnte die Entscheidung, die er auf dem Dach seines Hauses getroffen hatte, nicht rückgängig machen. Auch wenn er die Vergangenheit nicht ungeschehen machen konnte, konnte sie doch zugedeckt werden. „Wenn eure Sünden rot wie Karmesin sind, wie Schnee sollen sie weiß werden. Wenn sie rot sind wie Purpur, wie Wolle sollen sie werden" (Jesaja 1,18).

Gewiss war es bewegend zu hören, wie der berühmte britische Prediger Charles Spurgeon einmal illustrierte, wie weit Gott gehen würde, um unsere Sünden zuzudecken:

Menschen häufen Berge von Sünden auf, dennoch wird Gott einen erhabenen Berg der Gnade darübersetzen; der Mensch häuft noch einen größeren Berg von Sünden auf, aber der Herr wird einen zehnmal größeren Berg der Gnade darübersetzen. Der Wettbewerb geht so lange weiter, bis der allmächtige

Gott schließlich die Berge hochhebt und die Sünden der Menschen darunter vergräbt, so wie man eine Fliege begräbt. Reichliche Sünde kann nie größer sein als die überreichliche Gnade Gottes. [1]

Gott streute kein Salz mehr in Davids Wunde. Er wollte David nicht immer und immer wieder daran erinnern, was er getan hatte und wie viel er Gott zu verdanken hatte, weil ihm vergeben worden war. David erinnerte sich sicherlich noch daran, Gott aber nicht mehr. Gott sagt: „Ich habe deine Verbrechen ausgelöscht wie einen Nebel und wie eine Wolke deine Sünden“ (Jesaja 44,22).

Gott sagt: „Ich habe deine Verbrechen ausgelöscht wie einen Nebel und wie eine Wolke deine Sünden.“

Ein Mann ging einmal am Ufer eines Sees spazieren. Als er zurückschaute, wunderte er sich über seine krummen Spuren. *Genau wie mein Leben,* dachte er. *Jeder Schritt ist krumm.* Als er Stunden später wieder zurückging, entdeckte er, dass seine Fußspuren nicht mehr zu finden waren. Die Flut war gekommen und hatte alle seine Spuren im Sand verwaschen. Der saubere, feuchte Sand vor ihm erinnerte ihn daran, dass seine Vergangenheit nicht seine Zukunft bestimmen würde. Die Flut hatte seine Fußspuren verwaschen und ihm eine neue Chance gegeben.

Der Prophet Micha drückt es so aus: „Du wirst dich wieder über uns erbarmen. Und du wirst alle unsere Sünden in die Tiefen des Meeres werfen“ (vgl. Micha 7,19). Mit anderen Worten: Gott wirft unsere Sünden an die tiefste Stelle des Meeres und stellt ein Schild mit der Aufschrift FISCHEN VERBOTEN auf.

Vergebung ist immer der erste Segensschritt, wenn Gott uns wiederherstellen will.

Das Geschenk der Freude

Zweifelsohne „vermisste“ David Gott, als er versuchte, seine Sünden zu vertuschen. David ist der Mann, der die meisten Psalmen geschrieben hat; der Mann, der uns sagte, dass ihn nach Gott verlangte, so wie ein Hirsch nach Wasser lechzt. Er wollte wieder die Freude von einst erleben. Als er schließlich seine Sünde bekannte, sagte er: „Lass mich Fröhlichkeit und Freude hören, so werden die Gebeine jauchzen, die du zerschlagen hast" (Psalm 51,10); und weiter: „Lass mir wiederkehren die Freude deines Heils, und stütze mich mit einem willigen Geist!" (Psalm 51,14). Nach seiner Sünde und ihren unausweichlichen Konsequenzen war seine Freude wiedergekommen.

Viele Menschen, die ihre sexuellen Übertretungen bekennen und darüber Buße tun, erlauben sich nicht, wieder Freude zu empfinden. Sie meinen, es gehöre zu ihrer Bestrafung, dass sie weiterhin über ihre Sünden und ihren Verlust trauern. David jedoch konnte sich, nachdem er sich gründlich mit seinem Fehltritt auseinandergesetzt hatte, wieder über Gottes Gegenwart freuen, denn diese Erfahrung hat immer Freude zur Folge.

> Vergebung ist immer der erste Segensschritt, wenn Gott uns wiederherstellen will.

Bedenken Sie aber, dass David mit seiner Bitte um Freude nicht den Schmerz und das Unrecht an seiner Familie minimierte. Es war keine leichtfertige Freude, als er dem Zerfall seiner Familie zusehen musste. Wenn Sie den Rest der Geschichte lesen, werden Sie feststellen, dass sein eigener Schmerz tief und anhaltend war. Aber selbst wenn wir uns und anderen Kummer gemacht haben – wenn wir wissen, dass Gott uns wirklich vergeben hat, werden wir Gottes Gegenwart wieder spüren dürfen. Selbst im Leid können wir Freude erleben.

Lassen Sie uns einen Moment innehalten und uns mit diesem Gedanken befassen: David konnte sich über Gottes Vergebung freuen, obwohl die Konsequenzen seiner Sünde fortdauerten. Seine Reue brachte Uria nicht von den Toten zurück; keine einzige geweinte Träne würde Batsebas Kind oder ihre Reinheit jemals wiederbringen. David konnte nichts tun, um den schrecklichen Zerbruch seiner Familie, der aus seiner Sünde resultierte, aufzuhalten. Dennoch konnte er wieder singen.

Wie war es also möglich, dass David sich trotz Gottes Bestrafung wieder freuen konnte? Schuld treibt uns zu Gott; wenn er uns aber vergeben hat, ist Schuld nicht Teil seiner Zucht, wohl aber die Konsequenzen unserer Sünden. Sobald Schuld vergeben wurde, ist sie weggetan; das Gewissen ist gereinigt. Anders ausgedrückt: Gott schenkt uns innere Annahme und inneren Frieden, auch wenn alles um uns herum außer Kontrolle geraten ist.

Das Geschenk Salomo

Das Kind, das Batseba dem David gebar, starb – so wie Gott es angekündigt hatte. Nachdem Batseba (aufgrund von Davids schrecklicher Tat) verwitwet war, heiratete David sie, und wir lesen: „David tröstete seine Frau Batseba. Und er ging zu ihr ein und lag bei ihr. Und sie gebar einen Sohn, und er gab ihm den Namen Salomo“ (2. Samuel 12,24). Im Hebräischen klingt der Name wie *shalom*, Frieden. Vielleicht dachte sich David: *Dieser kleine Junge wird „friedlich“ genannt werden.* Frieden brauchte er auch dringend, denn seine Familie war im Begriff zu zerfallen.

Salomo ist wirklich ein wunderschöner Name, aber der Prophet Nathan, der David das Gericht Gottes angekündigt hatte, sagte, dass Gott einen anderen Namen für das Baby hatte. Gott selbst nannte das Kind Jedidja, was „von Gott geliebt“ bedeutet.

Warum gab Gott Salomo einen anderen Namen? Weil Gott Davids Sohn besonders liebte. Im Hinblick auf Salomos Geburt lesen wir: „Und der HERR liebte ihn“ (2. Samuel 12,24). Also gab Gott Salomo einen Namen, der göttliche Gunst ausdrückte. Gott machte damit deutlich, dass er dieses Kind liebte – ein Kind, das streng genommen eigentlich gar nicht hätte geboren werden dürfen.

Als Salomo erwachsen war, hörte er die Stimme des Herrn, die ihm auftrug, den Tempel Gottes zu bauen, eine erstaunliche Konstruktion, wie es sie bis dahin noch nie gegeben hatte.

Salomo bekam die Gelegenheit, das Haus Gottes zu bauen, ein Privileg, das seinem berühmten Vater David verwehrt worden war. Vier Söhne Davids wurden bei Familienstreitigkeiten getötet; aber dieser Sohn, der von einer Frau geboren wurde, die niemals Davids Frau hätte sein dürfen, – ja genau dieser Sohn! – würde gesegnet sein.

Und mehr als das:

Gott schenkt uns innere Annahme und inneren Frieden, auch wenn alles um uns herum außer Kontrolle geraten ist.

Salomo, der in eine Beziehung hineingeboren wurde, die mit einem Ehebruch begonnen und zu einem schrecklichen Mord geführt hatte, würde den größten Teil eines Buches der Bibel schreiben. Er hatte Gott um Weisheit gebeten und Gott gab ihm mehr als das. Wir lesen: „Und er verfasste 3000 Sprüche, und die Zahl seiner Lieder war 1005" (1. Könige 5,12). Obwohl Salomos Leben in einem moralischen und okkulten Kompromiss endete, profitieren wir auch heute noch von seiner Weisheit, wenn wir Schätze wie diesen lesen: „Die Furcht des HERRN ist der Anfang der Erkenntnis. Weisheit und Zucht verachten nur die Narren" (Sprüche 1,7).

Trotz Salomos Scheitern und trotz des Scheiterns seines berühmten Vaters David währt sein positiver Einfluss seit 3000 Jahren. Ein Beweis für das Sprichwort: „Gnade vor Recht."

Gesegnete Abstammung

Schließlich finden wir Batseba und Salomo im Geschlechtsregister von Jesus Christus. Dort erscheinen neben Batseba auch zwei weitere Frauen, die berüchtigte Sünderinnen waren: Tamar und Rahab. Tamar hatte sich als Prostituierte verkleidet und ihren Schwiegervater Juda verführt, nachdem dieser sein Gelübde nicht eingehalten hatte. Rahab war eine Prostituierte in Jericho, die die beiden von Josua gesandten Spione versteckt hatte. Von Batseba lesen wir in Matthäus „David aber zeugte Salomo *von der Frau des Uria*" (Matthäus 1,6; Hervorhebung durch den Autor), ein Hinweis auf die sündige Beziehung, bei der David die Frau eines anderen genommen hatte. Dennoch finden wir diese „fehlerhaften"

Personen zusammen mit den „Größen" des Alten Testamentes aufgelistet – ein Denkmal für Gottes Gnade.

Einmal saß ich während eines dreistündigen Fluges neben einem gut gekleideten, gebildeten und erfolgreichen Hindu. Wir unterhielten uns über den Hinduismus und das Christentum und über die Unterschiede zwischen beiden. In Bezug auf das Karma sagte er mir: „Wenn Sie heute Leid erleben müssen, dann ist das die Folge von etwas, was Sie in Ihrem früheren Leben getan haben." Dann fügte er hinzu: „Karma bedeutet, dass jeder genau das bekommt, was er verdient hat." Ich sagte, ich sei so froh, dass das Karma unrecht habe!

„Das Jesus bekommen wir nicht das, was wir verdienen!", antwortete ich ihm. „Als Jesus am Kreuz starb, bekam er das, was er nicht verdient hatte, nämlich unsere Sünden. Wenn wir an ihn glauben, bekommen wir das, was wir nicht verdient haben, nämlich seine Vergebung und Gerechtigkeit." David bekam die Gnade und Barmherzigkeit, die er nicht verdient hatte – und Sie und ich ebenfalls!

Erste Schritte

Was tun sie, wenn Sie sich wie David in einer verzweifelten Lage befinden?

Zuallererst: Rennen Sie – laufen ist nicht schnell genug! – zu Gott, um Hilfe, Trost und Vergebung zu erhalten. Seien Sie so ehrlich und aufrichtig wie David, als er seine Sünde bekannte. Kommen Sie nicht mit Selbstgerechtigkeit und Entschuldigungen. Lesen Sie Psalm 51, Davids Bußpsalm. Sie werden über die Tiefe seiner Buße und über die Annahme von Gottes Gnade erstaunt sein. Machen Sie diesen Psalm zu Ihrem Gebet.

> In Gottes Herz ist mehr Gnade zu finden als Sünde in Ihrer Vergangenheit.

Dann suchen Sie jemanden, der Ihnen hilft und Ihnen gute Ratschläge geben kann, welche Schritte Sie nun gehen sollen. Vielleicht sollten Sie sich wieder mit jemandem versöhnen, dem Sie Unrecht getan haben, oder Hilfe und Seelsorge bei den Leitern Ihrer Gemeinde suchen.

In Gottes Herz ist mehr Gnade zu finden als Sünde in Ihrer Vergangenheit. Allen, die sich Gott anvertrauen möchten, sei gesagt: Gott ist darauf spezialisiert, das Beste aus unseren falschen Entscheidungen zu machen. Gnade wird nur dann wirksam, wenn wir in Demut und Zerbruch zu Gott kommen.

Gebet

Vater, reinige mich von meiner Sünde und befreie mich auch von der Macht meiner Lust. Ich bete, dass ich von der Verlockung der moralischen Unreinheit, die mich gefangen hält, frei werde. Heute will ich das tun, was du von mir verlangst, damit ich frei von der Verdammnis werde, die ich wegen dem, was ich getan habe, spüre. Vergib mir, aber befreie mich auch. Hilf mir, den Weg zu sehen, der mich trotz meiner Vergangenheit weiterführt, und gib mir Zuversicht, dass nicht alles verloren ist.
Ich will alles das tun, was nötig ist – sei es in Wort oder Tat –, um den Schaden meines selbstsüchtigen Handelns wiedergutzumachen. Führe mich zu Menschen, die mich zur Rechenschaft ziehen, und hilf mir, einen besseren Weg zu gehen.

5

Wenn Sie eine schlechte finanzielle Entscheidung getroffen haben

Sie haben das Kleingedruckte nicht gelesen

Auch bei starker und wachsender Wirtschaftslage können Menschen schlechte finanzielle Entscheidungen treffen. Wenn die Wirtschaft schwächelt und für jeden die Zeiten härter werden, intensiviert das die Konsequenzen solcher Entscheidungen immens. Wenn zwischen Ehepartnern Uneinigkeit über die persönlichen Finanzen herrscht, kann dies zu zusätzlichem Stress und Druck in der Ehe führen. Nachfolgend zwei Briefe von zwei Ehemännern, die beide gute Absichten hatten, die aber von ihren Frauen immer wieder daran erinnert wurden, wie viel Geld sie aufgrund von scheinbar guten Investitionen verloren hatten. Sie stehen stellvertretend für die vielen Tausend anderen, die sich in gleichen Situationen befinden.

Geschichte Nr. 1

Vor einigen Jahren habe ich meinen Job, in dem ich sehr erfolgreich war, gekündigt, um mich selbstständig zu machen. Leider bin ich nach fünf Jahren aufgrund der Krise nach dem 11. September und anderer Schwierigkeiten gescheitert. Ich verlor ca. 200.000 Dollar – die gesamten Familienersparnisse. Meine Frau hält mir ständig vor, dass ich unverantwortlich gehandelt habe.

Seit Jahren lebe ich nun mit dieser Schuld und Schande, und ständig ist das verlorene Geld Thema in unserer Ehe. Gott kann mir nicht helfen, denn ich vermute, ich habe diese Entscheidung ohne ihn und eigenmächtig getroffen. Das deprimiert mich täglich. Also werde ich wohl den Rest meines Lebens mit diesem Versagen leben müssen.

Geschichte Nr. 2

Wir sind seit 20 Jahren miteinander verheiratet und haben kleine Kinder. Seit einigen Jahren haben wir Schulden. Ich habe meine Frau überredet, einen Teil unserer Ersparnisse in eine, wie ich meinte, sichere Investition zu stecken. Sie war aber nicht sicher und wir verloren unsere ganzen Ersparnisse für das Alter. Glücklicherweise habe ich Arbeit und die Bank musste nicht unser Haus pfänden, aber meine Frau ist wegen dieser Sache sehr zornig auf mich.

Obwohl wir finanziell noch ganz gut über die Runden kommen, möchte sich meine Frau von mir trennen. Sie meint, ich würde sie vernachlässigen (was auch stimmt, denn ich musste einen zweiten Job annehmen, um das verlorene Geld wieder hereinzuholen). Sie verbringt Stunden im Internet und schreibt sich mit einem Mann, mit dem sie vor unserer Hochzeit zusammen war. Sie hilft ihm, „mit seinen Problemen klarzukommen". Ich ahne schon, wie das enden wird, aber ich fühle mich so hilflos und weiß nicht, was ich machen soll. Die Situation tut nicht nur mir weh, sondern auch unseren Kindern.

Schlechte Investitionen führen oft auch zu schlechten Ehen!

Den Tatsachen ins Auge sehen

Kürzlich sprach ich mit einer Immobilienmaklerin, die mir sagte, es verginge keine Woche, in der sie nicht ein Paar vor sich hätte, dessen Haus zwangsvollstreckt werden müsse. Hierbei handelt es sich, wie sie sagte, oft um ältere Paare, die keine Hoffnung mehr haben, den Verlust je wieder einzuholen. Junge, überschuldete Paare erklären sich bankrott. Der Optimismus vergangener Jahre wird abgelöst durch Angst, Pessimismus und Verzweiflung. Die Familien rücken nicht zusammen, sondern fallen auseinander, sie sind voller Wut auf die Regierung, schieben sich gegenseitig die Schuld zu und enden im Konkurs.

Familien werden gebraucht

In schwierigen Zeiten sollten Familien zusammenhalten, aber unglücklicherweise werden sie durch Umstände auseinandergerissen – oftmals durch finanziellen Druck. Egal, wie groß die Liebe zwischen zwei Ehepartnern auch ist oder wie hart beide arbeiten, es gibt Zeiten, in denen sie in einen finanziellen Engpass kommen oder auf eine Masche reinfallen, die schnellen Reichtum versprochen hat. Jemand, der zahlreiche schlechte Investitionen gemacht hatte, meinte, bei seinem Glück würden die Menschen aufhören zu sterben, sobald er einen Friedhof kaufen würde! Auch der treueste Christ kann wegen finanzieller Schwierigkeiten in ein furchtbares Dilemma kommen. Allzu oft kann solch eine Zwangslage in Scheidung enden.

Der Optimismus vergangener Jahre wird abgelöst durch Angst, Pessimismus und Verzweiflung.

Der erste Schritt, um mit einer falschen finanziellen Entscheidung fertigzuwerden, ist, die Vergangenheit zu akzeptieren. Wenn Vergebung notwendig ist, muss sie erbeten und gewährt werden. Die beiden Geschichten zu Beginn des Kapitels stehen für Tausende von Menschen, die ihre Investitionen garantiert nicht mit Absicht in den Sand gesetzt haben. Sie taten, was sie taten, einfach weil sie glaubten, sie würden hohe Dividenden einfahren, auch wenn es im Nachhinein völlig unklug erscheint. Sie haben wahrscheinlich nicht das Kleingedruckte gelesen; sie haben unbedacht gehandelt, aber wer kann sich von so etwas völlig freisprechen? Diese Investoren müssen sich selbst vergeben und ihren jeweiligen Ehepartner um Vergebung bitten. Selbstgerechtigkeit muss aufhören und Ehrlichkeit die Oberhand bekommen. Geben Sie zu, wenn Sie einen Teil Ihrer Ersparnisse verschwendet haben. Geben Sie zu, wenn Sie kluge Ratschläge ignoriert haben. Und gestehen Sie auch, wenn Sie die Gelegenheit verpasst haben, Ihr Geld anders einzusetzen.

Nur wenn man ehrlich ist und Fehler eingesteht, ist die Grundlage für Gesundung und Wiederherstellung gegeben. Das gilt nicht nur für verlorene Finanzen, sondern auch für zerbrochene Beziehungen. Nur dann, wenn die Vergangenheit nicht ehrlich akzeptiert, Vergebung nicht zugesprochen und aus den Fehlern nicht gelernt wird, werden Familien durch schlechte finanzielle Entscheidungen auseinandergerissen. Sowohl kluge als auch törichte Menschen machen Fehler, aber der Kluge lernt daraus, während der Törichte seine Fehler immer wieder macht.

> Sie sind niemals allein, egal, wie tief Sie gefallen sind und wie viel Sie verloren haben.

Aber auch dann, wenn die Vergangenheit akzeptiert wurde und Versöhnung stattgefunden hat, muss ein verändertes Verhalten sichtbar sein. Chuck Swindoll ist der Auffassung, man solle „seine Zeit nicht mit Dingen vergeuden, die man sowieso nicht ändern kann“. Wir sollten eher „unsere Energie einsetzen, um die richtige Einstellung zu bewahren. Wir sollten nicht einmal mehr über unabänderliche Dinge nachdenken.“[1] Trotz der Fehler der Vergangenheit müssen wir lernen, das Leben optimistisch und realistisch zu sehen.

Das heißt nicht, dass es einfach wird. Vielleicht müssen Sie Ihr Eigentum aufgeben, zum Beispiel Ihr Auto, Ihr Haus oder Ihr Boot, aber trotzdem können Sie dankbar sein. Jemand sagte einmal, dass ein finanzieller Feuersturm mit einem Waldbrand vergleichbar ist. Wie der Waldbrand das Unterholz reinigt, so lernt man nach einem finanziellen Feuersturm, mit viel weniger auszukommen und sein Vertrauen auf und den Glauben an Gott zu stärken.

Vergessen Sie nie: Sie sind niemals allein, egal, wie tief Sie gefallen sind und wie viel Sie verloren haben. Ziehen Sie sich nicht zurück, begegnen Sie nicht jedem mit Furcht und Argwohn. Halten Sie sich während dieser finanziellen Krisen an Ihre Familie und an Freunde. Lassen Sie nicht zu, dass Geldprobleme zu persönlichen Attacken innerhalb der Familie führen. Anstatt sich gegenseitig die Schuld zuzuschieben, sollten Ehepartner aufeinander zugehen und sagen: „Wir werden das miteinander durchstehen!"

Finanzielle Krisen sollten Familien nicht auseinanderbringen, sondern zusammenschweißen. Ehepartner sollten sich nicht als Feinde ansehen, sondern zusammen gegen die wahren Feinde kämpfen: nämlich gegen den Teufel und die Schulden.

Der Sache auf den Grund gehen

Es ist schwer zuzugeben, aber die meisten – wenn auch nicht alle – unklugen, finanziellen Entscheidungen werden aus Gier getroffen; das beweisen die vielen verlockenden Angebote, die schnellen Reichtum versprechen. Was noch schlimmer ist: Die meisten Entscheidungen werden getroffen, ohne dass man vorher um Gottes Rat gefragt hat. Seien wir ehrlich: Hinter unser Bereitschaft, Schulden zu machen, um ein Auto, Geräte oder andere Dinge kaufen zu können bzw. unseren Urlaub zu finanzieren, steckt nichts anderes als die Gier nach Luxus. (Wenn Sie daran Zweifel haben, dann bedenken Sie, dass der Großteil der Menschheit ohne all diese Dinge lebt.) Diesen Sünden müssen wir ins Auge sehen. In der Bibel lesen wir viel über die Geldliebe.

> Warum ist Geld ein so heikles Thema? Weil es die gleichen Versprechen macht wie Gott.

Warum ist Geld ein so heikles Thema? Weil es die gleichen Versprechen macht wie Gott. Es verspricht, uns in guten und in schlechten Zeiten zu versorgen, uns zu helfen, wenn wir krank sind, und uns Freude zu geben, wenn es uns gut geht. Es verspricht uns Sicherheit für das Hier und Jetzt, und wenn wir genug Geld haben, auch für den Rest unseres Lebens. Anders ausgedrückt: Wenn wir Geld haben, sind wir unabhängig von der Gemeinde, von unserer Familie und – wie wir meinen – auch von Gott.

Und genau da liegt die Gefahr.

Jemand, der sowohl Überfluss als auch Mangel kannte, sagte einmal:

Die Gottseligkeit mit Genügsamkeit aber ist ein großer Gewinn; denn wir haben nichts in die Welt hereingebracht, sodass wir auch nichts hinausbringen können. Wenn wir aber Nahrung und Kleidung haben, so wollen wir uns daran genügen lassen. Die aber reich werden wollen, fallen in Versuchung und Fallstrick und in viele unvernünftige und schädliche Begierden, welche die Menschen in Verderben und Untergang versenken. Denn eine Wurzel alles Bösen ist die Geldliebe, nach der einige getrachtet haben und von dem Glauben abgeirrt sind und sich selbst mit vielen Schmerzen durchbohrt haben.
1. Timotheus 6,6–10

Wir werden unzufrieden geboren und viele sterben auch in Unzufriedenheit. Gott erwartet, dass wir anders leben und zufrieden sind mit dem, was wir haben und sind.

Finanzielle Schwierigkeiten zwingen uns, unsere Motive zu hinterfragen. War unsere dumme Entscheidung Folge unserer Gier? Haben wir Gott ernsthaft um Rat gefragt? Welche Warnungen haben wir in den Wind geschlagen, als wir jene falsche Entscheidung trafen? In solchen Momenten ist es nicht nur wichtig, dass wir uns mit unserer Familie versöhnen, sondern auch dass wir wieder ein reines Gewissen vor Gott und anderen Betroffenen bekommen.

Viel zu oft ignorieren wir die Verheißung der Bibel: „Wenn aber jemand von euch Weisheit mangelt, so bitte er Gott, der allen willig gibt und keine Vorwürfe macht, und sie wird ihm gegeben werden" (Jakobus 1,5). So wie Gott vor der Investition hätte gefragt werden sollen, so sollte er jetzt erst recht um Weisheit gebeten werden, damit man aus diesem Desaster wieder herauskommt. Und nicht nur das, sondern wir sollten Gott die Herrschaft über diese Sache abgeben. Wir sollten unser Leben ganz seinen Händen anvertrauen. Wenn Sie skeptisch sind und sich fragen, was das bringen soll, dann gebe ich Ihnen einen Rat: Probieren Sie es einfach aus und Sie werden sehen!

Ehepaare sollten keine finanziellen Entscheidungen treffen, wenn sie sich dabei nicht einig sind.

Ehemänner sollten wissen, dass ihre Frauen oft einen „siebten Sinn" haben. Männer ignorieren ihn häufig, wenn es um finanzielle Angelegenheiten geht. Schon oft habe ich bei Beratungsgesprächen Ehefrauen sagen hören: „Ich habe ihn gewarnt … Irgendetwas an dieser Sache schien mir faul zu sein." Wenn ich dann frage, was es war, können sie es zwar nicht genau benennen, aber Fakt ist: Sie hatten recht. Ehepaare sollten keine finanziellen Entscheidungen treffen, wenn sie sich dabei nicht einig sind. Genaues und geduldiges Zuhören beiderseits ist wichtig für die Einigkeit und Kommunikation.

Aus der Vergangenheit lernen

Gott hat seine Ziele. Er hat auch seine Gründe, wenn er finanzielle Schwierigkeiten in unserem Leben zulässt. Zweifellos hat er die verschiedensten Gründe, warum er zulässt, dass wir zu kämpfen haben, aber eins seiner primären Motive ist unser geistliches Wachstum. Wenn wir Gottes Erziehungsmaßnamen abtun, werden wir nur zynisch und zweifeln an seiner Liebe und Fürsorge.

Mit Gottes Augen sehen

Die erste Lektion ist offensichtlich: Gott möchte, dass wir lernen, dass er bei uns ist – nicht nur dann, wenn es uns gut geht, sondern auch in Zeiten der Not. Als in Kanaan eine Hungersnot herrschte, war Isaak versucht, wie so viele andere nach Ägypten zu gehen.

Doch Gott erschien ihm und sagte: „Zieh nicht hinab nach Ägypten; bleibe in dem Land, das ich dir sage! … Und ich werde mit dir sein und dich segnen“ (1. Mose 26,2–3). Gott versprach ihm, ihn durch die Hungersnot zu führen, anstatt ihn davor fliehen zu lassen.

Gott ist bei uns, wenn wir unsere Schulden zahlen können, und auch, wenn wir es nicht können.

Josef musste eine ähnliche Erfahrung machen. Es war klar, dass Gott mit ihm war, als er zum zweitmächtigsten Mann in Ägypten befördert wurde; aber wir lesen auch, dass Gott bei ihm war, als er zu Unrecht im Gefängnis saß (1. Mose 39,2.20–21). Gott ist bei uns in Reichtum wie in Armut; er ist bei uns, wenn wir unsere Schulden zahlen können, und auch, wenn wir es nicht können.

Wenn wir unter finanziellem Druck stehen – sei er selbst verschuldet oder auf die allgemein schwache Wirtschaft zurückzuführen –, stimme ich John Piper zu, der sagt: „Gott beabsichtigt, verborgene Sünden aufzudecken, damit wir zur Buße und Reinigung kommen.“[2] Notzeiten decken unsere unechte Liebe auf und bewahren uns vor versteckter Götzenanbetung.

Gott möchte, dass wir die gleichen Erfahrungen machen wie so viele Menschen auf der ganzen Welt, die in härtester finanzieller Not leben. Der Großteil der Menschheit kämpft um die tägliche Nahrung – ja, sogar Tausende von Kindern sterben täglich, weil sie nichts zu essen haben.[3] Millionen von Christen leben unter Unterdrückung und Verfolgung und haben in Katastrophenzeiten keinerlei Hilfe. Die meisten von uns haben, selbst wenn uns keine hohen Rentenansprüche zustehen oder unser Haus zwangsvollstreckt wurde, täglich etwas zu essen auf dem Tisch und nachts einen Platz zum Schlafen. Lassen Sie uns Mitgefühl entwickeln und für unsere Brüder und Schwestern beten, die in Armut leben und keine Hoffnung auf unseren Lebensstandard haben, den wir für so selbstverständlich halten.

Der Gott, der Isaak sagte, er solle im Land der Hungersnot bleiben, ist der gleiche Gott, der uns ermutigt, mit Zuversicht und Freude in eine ungewisse Zukunft zu gehen.

Die Freude der Großzügigkeit

Oft höre ich die Frage: Sollen wir auch dann noch unseren Gemeinden Geld spenden, wenn wir in finanziellen Nöten sind? Meiner Meinung nach ist es falsch, in Notzeiten weniger zu geben. Gerade durch unser treues Geben und Spenden zeigen wir, dass wir Gott vertrauen – vielleicht mehr als auf irgendeine andere Art. Paulus sagte von den Christen in Mazedonien, dass sich „ihre tiefe Armut … in den Reichtum ihrer Freigebigkeit verwandelt [hat]" (2. Korinther 8,1–3; NeÜ). Wir sollten das geben, womit uns Gott gesegnet hat, sei es viel oder wenig.

Um es einmal deutlich zu sagen: Ich glaube, dass wir immer einen gewissen Anteil unseres Einkommens dem Herrn geben sollten. Wenn wir finanzielle Not haben, kann es ein niedriger Anteil sein, aber durch unsere finanzielle Gabe machen wir uns bewusst, dass alles, was wir besitzen, Gott gehört. Ein finanzieller Engpass sollte nicht dazu führen, dass wir die Nöte anderer vergessen. Selbstverständlich müssen Schulden zurückgezahlt und Rechnungen dürfen nicht missachtet werden, aber alles – auch wenn es wenig ist – kommt von Gott, der „von dem aller Segen fließt". Wenn wir kein finanzielles Einkommen haben, können wir uns anderen Menschen zur Verfügung stellen und dabei daran denken, dass Gott diejenigen segnet, die freigebig sind.

Paulus lehrte, dass Gott uns das zurechnet, wenn wir mehr geben wollen, als wir eigentlich geben können. „Denn wenn die Bereitwilligkeit da ist, so ist sie willkommen nach dem, was sie hat, und nicht nach dem, was sie nicht hat" (2. Korinther 8,12). Gott kennt unsere Herzen und weiß, dass wir manchmal mehr geben möchten, als es uns möglich ist. Eines ist aber definitiv wahr: Gott segnet großzügige Menschen – sei es finanziell oder geistlich. Gott überprüft immer wieder unsere Herzensmotive, und wenn er dabei Freigebigkeit findet, belohnt er uns auf die eine oder andere Weise. Der größte Segen, den wir erfahren können, wenn wir eine finanzielle Katastrophe hinter uns gebracht haben, ist nicht etwa, schuldenfrei zu sein, sondern die Freiheit zu empfinden, die man hat, wenn man anderen gerne gibt. Bis man sich von einer finanziellen Notlage erholt, kann man anderen jederzeit auf verschiedene Art und Weise helfen, indem man die Liebe Christi auf praktische und persönliche Weise weitergibt. Aber so etwas ist natürlich immer leichter gesagt als getan. Es ist nicht so einfach, seine Ausgaben einzuschränken, besonders wenn man bislang einen relativ luxuriösen Lebensstandard gewohnt war. Dennoch erfordern harte Lebensumstände auch harte Methoden.

Nichtsdestotrotz sollten wir nicht meinen, dass wir nicht großzügig sein können, wenn die Umstände einmal schwer sind. In manchen Ländern teilen Menschen in schweren Lebenslagen das Wenige, was sie haben, mit anderen, auch wenn es für sie selbst Leid oder sogar den eigenen Ruin bedeutet.

Aus dem Tief herauskommen

Ob Sie Ihren Arbeitsplatz verloren haben, eine schlechte finanzielle Entscheidung getroffen haben oder in die Konsumfalle geraten sind – wenn Sie Ihr Problem erkannt haben, das eine Veränderung erforderlich macht, gibt es gute Möglichkeiten, diese finanzielle Krise zu meistern. Notwendige Schritte hierzu sind zwar schmerzhaft, aber dennoch erfolgversprechend. Hier ein paar Schritte, die Sie gehen können, um Ihre finanzielle Misere zu meistern:

Finden Sie einen zuverlässigen Berater

Als Erstes müssen Sie Hilfe in Anspruch nehmen. In Sprüche 15,22 lesen wir: „Pläne scheitern, wo keine Besprechung ist; wo aber viele Ratgeber sind, kommt etwas zustande." Wahrscheinlich kommen Ihre finanziellen Probleme daher, dass Sie keine Hilfe von außerhalb in Anspruch genommen haben. In dieser Notlage muss sich das nun ändern.

Es gibt verschiedene Arten von Finanzberatern. Falls es sich bei Ihren Schulden um einen größeren Betrag handelt, ist es sinnvoll, einen erfahrenen Investmentberater oder einen professionellen Finanzberater zu Rate zu ziehen. Wenn Ihr Schuldenberg nicht so hoch ist, kann Ihnen vielleicht auch Ihr Pastor, Ihr Vorgesetzter, Ihr Bankberater, ein Freund oder Familienmitglied helfen. Zumindest können diese Personen Ihnen als Zuhörer, Berater und Rechenschaftspartner zur Seite stehen.

Beten Sie zunächst darüber und suchen Sie sich dann geeignete Hilfe, damit Sie wieder auf die richtige Spur kommen. Es ist keine Schande, um Hilfe zu bitten.

Suchen Sie sich dann geeignete Hilfe, damit Sie wieder auf die richtige Spur kommen. Es ist keine Schande, um Hilfe zu bitten.

Wenn es um finanzielle Angelegenheiten geht, sollten Ehepaare völlig offen miteinander sein, besonders dann, wenn das Vertrauen zunächst enttäuscht wurde. Ehrlichkeit ist der einzige Weg, um Vertrauen als Grundlage einer harmonischen Beziehung wiederherzustellen. Wenn Sie möchten, dass Ihre finanziellen Angelegenheiten wieder in Ordnung kommen, gibt es keinen Grund mehr, weitere Konten oder geheime Rücklagen zu verschweigen oder Spontankäufe zu machen. Bevor Sie konkrete Schritte unternehmen können, müssen Sie beide, Sie und Ihr Ehepartner, sich ein vollständiges Bild über Ihre finanzielle Situation machen. Mangelndes Vertrauen und Konflikte sollten Sie ansprechen und sich gegenseitig verpflichten, Ihre Ausgaben wohlüberlegt zu tätigen. Ebenso sollten Sie sich Hilfe und Rat zu suchen, wie Sie Ihre Finanzen von nun an regeln wollen.

Lernen, mit weniger zufrieden zu sein

Sind wir doch einmal ehrlich: Die meisten von uns erliegen oftmals einem Konsumrausch. Vielleicht haben Sie nicht alles das, was Ihr Nachbar besitzt – oft neigen wir ja dazu, uns mit denen zu vergleichen, die mehr haben als wir –, aber wir sollten stattdessen viel eher an die vielen Tausend Menschen in dieser Welt denken, die täglich neu ums Überleben kämpfen, die unter schwierigen Arbeitsbedingungen, lebensbedrohlichen Krankheiten und großer Ungerechtigkeit leiden.

Wie wäre es, wenn Sie vom Druck der Geldliebe befreit wären? Paulus, der im Gefängnis saß, bezeugt:

Ich habe gelernt, mich darin zu begnügen, worin ich bin. Sowohl erniedrigt zu sein, weiß ich, als auch Überfluss zu haben, weiß ich; in jedes und in alles bin ich eingeweiht, sowohl satt zu sein als auch zu hungern, sowohl Überfluss zu haben als auch Mangel zu leiden. Alles vermag ich in dem, der mich kräftigt.
Philipper 4,11–13

Auch Salomo gibt uns Einsicht in seine Erkenntnisse: „Wer Geld liebt, wird des Geldes nicht satt, und wer den Reichtum liebt, nicht des Ertrages. Auch das ist Nichtigkeit“ (Prediger 5,9).

Und Jesus selbst sagt: „Seht zu und hütet euch vor aller Habsucht! Denn auch wenn jemand Überfluss hat, besteht sein Leben nicht aus seiner Habe“ (Lukas 12,15).

Weil wir mit unserer momentanen Situation unzufrieden sind, wollen wir das haben, was wir nicht besitzen, auch dann, wenn uns die finanziellen Mittel dafür nicht zur Verfügung stehen. In solchen Momenten haben wir drei Möglichkeiten: Wir können über unseren Verhältnissen leben, im Rahmen dieser Verhältnisse oder darunter.

Wir haben drei Möglichkeiten: Wir können über unseren Verhältnissen leben, im Rahmen dieser Verhältnisse oder darunter.

Gott gefiel es nicht, als die Israeliten sich über das Essen, das er ihnen in der Wüste gab, beschwerten. Ihr Unmut führte dazu, dass sie meckerten und unzufrieden wurden. Gottes Antwort auf ihre Undankbarkeit war Gericht. Wenn wir undankbar sind und mehr wollen, als wir brauchen, kränken wir Gott.

Eine finanzielle Krise bietet eine großartige Möglichkeit, uns mit diesen Tatsachen einmal auseinanderzusetzen.

Schulden abbauen

Wenn Sie tief in einem Graben stecken und herauskommen möchten, müssen Sie aufhören zu graben! Die meisten finanziellen Schwierigkeiten entstehen aufgrund von überzogenen Krediten. Ein durchschnittliches Paar in Amerika hat ca. 9.000 Dollar Kreditkartenschulden. Es wohnt in einem Haus, das es sich nicht leisten kann, und durch den Kauf eines Autos wächst der Schuldenberg weiter. Statt Geld für Notzeiten zu sparen, geht man davon aus, die Zukunft würde immer so rosig weiterlaufen. Wenn dann jedoch einer den Job verliert oder eine Investition in den Sand gesetzt wird, gibt es kaum noch Spielraum. Es dauert nicht lange, und man sieht sich der Insolvenz oder dem Bankrott ausgesetzt.

Finanzielle Krisen sollten uns die negativen Auswirkungen von Schulden lehren. Es ist erstaunlich, wie wir eine Generation heranziehen konnten, die es nicht schafft, mit dem auszukommen, was sie hat, und auch noch glaubt, das müssten sie auch gar nicht! Meine Frau Rebecca und ich lernten in unserer jungen Ehe, dass Schulden sehr belastend sein können; Kreditkartenschulden sind nicht so leicht zurückzuzahlen wie gedacht. Wenn Sie sich im Schuldensumpf sehen, rate ich Ihnen, dass Sie einen Finanzberater aufsuchen, der Ihnen hilft, eine Strategie zu entwickeln, so viele Schulden wie möglich zurückzuzahlen. Auch wenn Sie kein Geld auf der hohen Kante haben, um die Verbindlichkeiten abzubezahlen, gibt es doch vielleicht Schritte, um die ernüchternden Folgen abzumildern.

Sicher, manche Menschen glauben, es ist gut – oder sogar weise –, wenn man Geld für Dinge aufnimmt, die an Wert gewinnen. Lange hielt sich die Meinung, dass sich die Investition für einen Hauskauf lohnte, da der Wert im Laufe der Jahre steigen würde. Jedoch hat sich selbst diese „sichere" Investition während der momentanen „Finanzkrise" als risikoreich erwiesen. Während ich dieses Kapitel schreibe, sinkt der Eigentumswert im ganzen Land, wobei sich das in den nächsten Jahren natürlich auch wieder ändern kann. Manchmal kann es vernünftig sein, Schulden zu machen, jedoch müssen wir vorsichtig, klug und kritisch sein, wenn wir eine Hypothek aufnehmen oder Geld in ein Unternehmen stecken. Viel zu oft sind Schulden zerstörerisch, nehmen uns gefangen und machen uns arm.

Wenn Sie merken, dass Ihre Kreditkarten Sie dazu verleiten, dass Sie mehr ausgeben als gewollt, zerstören Sie sie! Manchmal ist es besser, die kleinen Dinge, die man für den Alltag benötigt, bar zu bezahlen.

Geben Sie Ihrem Plan für den Neuanfang oberste Priorität

Immer wieder müssen wir im Leben Prioritäten setzen, das gilt auch für unsere finanzielle Situation. Ihr Zuhause ist mehr wert als Ihre Mitgliedschaft im Fitnessclub, und die Ausbildung Ihrer Kinder ist auch wichtiger, als im Restaurant essen zu gehen. Deshalb: Erstellen Sie auf einem Blatt Papier oder am Computer eine Liste mit Ihren notwendigen Ausgaben. Eine realistische Einschätzung Ihrer Situation ist unvermeidlich. Sokrates sagte einmal: „Unerforschtes Leben ist nicht lebenswert." Das gilt besonders, wenn Sie Ihre finanzielle Perspektive ändern wollen. Wenn Sie erst einmal wissen, was Sie tun müssen, dann können Sie eine Strategie entwickeln, wie Sie es anpacken wollen.

> Wenn Sie merken, dass Ihre Kreditkarten Sie dazu verleiten, dass Sie mehr ausgeben als gewollt, zerstören Sie sie!

Kürzlich sprach ich mit einem Paar, das zusammen ein Jahreseinkommen von ca. 95.000 Dollar hatte. Als der Mann arbeitslos wurde, hatten sie nur noch ein Einkommen von ca. 40.000 Dollar. Da die beiden fast immer ihr komplettes Gehalt ausgegeben hatten, mussten sie nun eine Möglichkeit finden, entweder den Lohn des Mannes zu ersetzen oder aber ihre Ausgaben einzuschränken.

Der erste Schritt, um die monatlichen Ausgaben zu kürzen, ist die Auflistung der wiederkehrenden Kosten. Möglicherweise fallen bei Ihnen jeden Monat 30 Dollar Beitragszahlung für den Fitnessclub oder für das Zeitungsabonnement an. Je schneller Sie diese Art von Nebenkosten reduzieren oder ganz kürzen, desto schneller werden Sie wieder schwarze Zahlen schreiben.

Für die meisten Familien stellen die Lebensmittelkosten eine beträchtliche Ausgabe dar, dennoch ist es möglich, auch hier Einsparungen zu machen. Wenn eine vierköpfige Familie dreimal in der Woche in ein Schnellrestaurant geht, summiert sich das sehr rasch auf 400 Dollar im Monat. Das ist viel Geld für Essen, das man aber leicht einsparen könnte, wenn man für zu Hause einen Essensplan erstellt. Ein weiterer Kostenfaktor sind die Handygebühren. Viele Familien zahlen jeden Monat locker über 100 Dollar für ihre Telefonkosten. Wenn man all diese unnötigen Kosten reduziert, kann man leicht 200 Dollar oder mehr einsparen, ohne dass es wehtut.

Weitere Einsparmöglichkeiten bieten sich bei Fernseh- und Internet-Abos, beim Filmverleih, bei der Freizeitunterhaltung (Restaurantbesuche, Sportveranstaltungen etc.), beim Tierzubehör, bei Geldautomatgebühren (die sich sehr schnell summieren können), bei unnötigen Kleidungs- und Schuhkäufen.

Wenn Sie alles, was Ihnen eingefallen ist, aufgeschrieben haben, können Sie mithilfe Ihres Finanzberaters Extrakosten erkennen und reduzieren; eventuell müssen Sie Einschränkungen in Kauf nehmen, die Ihnen sehr schwerfallen. Oft übersehen wir Möglichkeiten, Geld einzusparen, weil wir unseren Lebensstil für selbstverständlich halten. Drastische Situationen verlangen oftmals drastische Maßnahmen.

Übergeben Sie Gott Ihre emotionale Last

Unabhängig von Ihrer momentanen finanziellen Lage sollten Sie heute eine wohlüberlegte Entscheidung treffen und sich und Ihren Besitz ganz Gott übergeben. Diese Besitzübergabe wird die Last von Ihren Schultern nehmen und sie dort ablegen, wo sie hingehört – nämlich in Gottes Hände. Um diesen ernsten Entschluss zu bekräftigen, könnten Sie auch eine kleine Zeremonie durchführen, bei der Sie die Verantwortung und Kontrolle an Gott abgeben. Dabei geht es darum, einen Schlussstrich zu ziehen und nie wieder zurückzuschauen.

Mitten in der Krise müssen wir lernen, Gott zu vertrauen. Jesus machte sehr deutlich, dass Gott sehr wohl um unsere Bedürfnisse weiß: „Deshalb sage ich euch: Seid nicht besorgt für euer Leben, was ihr essen und was ihr trinken sollt, noch für euren Leib, was ihr anziehen sollt! ... Seht hin auf die Vögel des Himmels, dass sie weder säen noch ernten noch in Scheunen sammeln, und euer himmlischer Vater ernährt sie doch. Seid ihr nicht viel wertvoller als sie?“ (Matthäus 6,25–26).

Wie können wir diese wunderbaren, scheinbar unerreichbaren Worte Jesu für uns zur Realität werden? Wie können wir aufhören, uns Sorgen zu machen, und Gott vertrauen, wenn wir unter einer schlechten Investition oder wirtschaftlichen Unsicherheiten leiden?

Von Gott habe ich einige Lektionen über das Vertrauen gelernt, die ich gerne an Sie weitergeben möchte. Viele Christen beten für ihre finanziellen Umstände. Sie bitten Gott immer wieder, sich um dieses oder jenes zu kümmern, haben aber dennoch keinen Frieden, weil sie Gott nicht alles ganz und gar überlassen. Auch wenn sie unter Tränen zu Gott kommen, tragen sie die Last doch weiter auf ihren eigenen Schultern. Auch mir ging es mehr als einmal so, glauben Sie mir. Wenn wir aber nur beten und nicht wirklich kapitulieren, beten wir tatsächlich im Unglauben. Das zeigt sich dann darin, dass unsere Gebete wirr und redundant sind. Wenn sich nach unserem Gebet nicht sofort etwas ändert, fangen wir an zu zweifeln, und wir glauben, unser Gebet bringe nichts.

Stattdessen sollten wir uns und unser Eigentum Gott aufrichtig anvertrauen. „Befiehl dem HERRN deinen Weg und vertraue auf ihn, so wird er handeln“ (Psalm 37,5). Wenn wir das tun, bedeutet das, dass wir unsere Anliegen seinen Händen überlassen. Wenn wir dies im festen Glauben tun, werden wir erleben, dass wir nicht mehr die schwere Last der Sorgen tragen müssen.

Potifar, der alle Angelegenheiten seines Hauses Josefs Händen überließ, ist das beste biblische Beispiel hierfür: „Er überließ alles, was er hatte, der Hand Josefs und *kümmerte sich bei ihm um gar nichts,* außer um das Brot, das er aß“ (1. Mose 39,6, Hervorhebung durch den Autor). Hätten wir doch dasselbe Vertrauen wie Potifar! Er brauchte sich nur um seine täglichen Mahlzeiten zu kümmern, denn er konnte Josef voll und ganz vertrauen, sodass er sich keine Sorgen machen musste. Wenn wir es schaffen, Gott so zu vertrauen, sind wir endlich befreit.

Hier nun die gute Nachricht: Gott ist bereit, willig und in der Lage, sich um die Folgen unserer falschen Entscheidungen zu kümmern, ebenso wie um die Situationen, in denen wir stecken, seien sie selbst verschuldet oder durch andere Menschen verursacht. Gott möchte, dass wir ihm in allem vertrauen.

Der Weg, den Gott mit uns gehen möchte, mag nicht einfach sein, aber er geht ihn mit uns bis zum Ende und erleichtert unsere Last.

Der Weg, den Gott mit uns gehen möchte, mag nicht einfach sein, aber er geht ihn mit uns bis zum Ende und erleichtert unsere Last. Besser gesagt: Er trägt die Last für uns!

Wenn wir ihm erst einmal alles anvertraut haben, können wir immer noch für unsere Bedürfnisse beten, aber nun können wir es mit echter Freude und Dankbarkeit tun. Wenn Gott nun nicht so schnell antwortet wie wir es erwarten, brauchen wir uns keine Sorgen zu machen, denn wir müssen uns nicht mehr um *Gottes* Angelegenheiten kümmern. Und nachts müssen wir uns auch keine Sorgen um *Gottes* Vermögen machen!

Ich empfehle Ihnen jetzt gerade in diesem Moment, dass Sie sich die Zeit nehmen, um Gott Ihre Situation anzuvertrauen – den Verlust Ihrer Arbeit, Ihre ungewisse Zukunft, ja, sogar Ihren Ehepartner und Ihre Kinder. Wenn Sie sich bisher immer um alles selbst gekümmert haben, wird es Ihnen gewiss erst einmal schwerfallen. Tun Sie es trotzdem. „Und werft in Demut alle eure Sorgen auf ihn, denn er sorgt sich um alles, was euch betrifft“ (1. Petrus 5,7; NeÜ).

Kapitulation vor Gott ist ein Weg zum Frieden! Das hat sich immer wieder bestätigt.

Zu Beginn dieses Kapitels ging es um zwei Ehepaare, deren Probleme vorwiegend auf finanziellen Schwierigkeiten beruhten.

Ich habe keine Ahnung, wie die beiden Geschichten weitergingen; ob die Ehen durch die Situation gestärkt wurden oder daran zerbrachen, hängt davon ab, wie die Paare damit umgingen. Waren sie versucht, vor ihren Problemen davonzulaufen, oder wählten sie den Weg der Vergebung, des Verständnisses und gegenseitiger Verpflichtung?

Wenn wir in finanziellen Nöten stecken, lehrt Gott uns etwas über wahre Werte. Und er ist immer bereit, uns zu helfen.

Wenn Sie Gott machen lassen, werden Sie erleben, dass Ihre Seele eine tiefere Heilung erfährt – unabhängig davon, ob Sie Ihr Geld zurückbekommen oder nicht.

Gebet

Vater, wie oft habe ich Entscheidungen ohne dich getroffen!
Vergib mir. In meiner momentanen finanziellen Not ist es so schwer, dir zu vertrauen. Ich sehe keine Hoffnung für die Zukunft, und dennoch hoffe ich auf dich. Ich setze jetzt all mein Vertrauen auf dich, so gut ich kann. Hilf mir, dass ich meine Situation als die deine ansehe. Ich besitze gar nichts mehr, denn alles ist nun in deiner Hand,
Lehre mich die Lektionen, die du für mich in dieser Krise vorgesehen hast. Hilf mir, die Opfer zu bringen, die nötig sind, damit ich erkenne, was unwichtig und was ewig ist, was notwendig und was überflüssig ist. Lehre mich Disziplin, Glauben und Hoffnung. Vor allem aber mehre mein Verständnis, wie groß deine Fürsorge für mich ist.
Ich übergebe dir alles, was ich bin und habe.

6

Wenn Sie den falschen Beruf gewählt haben

Es ist Ihnen eine Qual, jeden Morgen zur Arbeit zu gehen

Eines Tages kam Johannes von der Arbeit nach Hause und teilte seiner Frau mit, er habe gekündigt. Er hatte sich schon länger mit dem Gedanken getragen, aber seine Frau traf die Nachricht völlig unvorbereitet. Ihr war wohl bewusst, dass ihm die Arbeit im Holzlager keinen Spaß machte, aber sie dachte, er würde sich trotzdem durchkämpfen, weil die Lage auf dem Arbeitsmarkt ohnehin angespannt war. Sie liebte ihren Mann, aber sie wusste auch, dass er für viele andere Stellen nicht ausreichend qualifiziert war. Seit neun Jahren arbeitete er nun schon in der Firma, doch sein Chef war sehr streng und die Arbeit war monoton und langweilig. Also entschloss er sich, alles hinter sich zu lassen, in der Hoffnung, etwas Besseres zu finden.

Ein Onkel von Johannes hatte viel Geld mit Immobiliengeschäften gemacht, er verwaltete Häuser und steigerte sein Kapital darüber hinaus nach und nach durch Pachtgebühren. Johannes war immer der Meinung gewesen, dass dies auch für ihn eine Möglichkeit wäre, Erfolg zu haben – die Arbeitsbedingungen seien besser und selbstverständlich hätte er auch mehr Einkommen.

Er war jetzt 42, und dies war vermutlich für ihn die letzte Gelegenheit, einen Schlussstrich unter die Vergangenheit zu ziehen und etwas Neues zu beginnen. Obwohl sich nach vier Monaten immer noch kein Durchbruch abzeichnete, war er nicht bereit, sich einzugestehen, dass er in Bezug auf seine Fähigkeiten sowie der hohen Risiken, die der Einstieg in die Immobilienbranche mit sich brachten, unrealistische Vorstellungen gehabt hatte. Da sich die Rechnungen türmten und es keine Aussicht auf ein regelmäßiges Einkommen gab, war Johannes gezwungen, einen Job anzunehmen, den er sogar noch mehr hasste als seinen Job im Holzlager. Er bekam eine Anstellung mit anspruchslosen Aufgaben an einer Tankstelle. Er bekam ein mageres Gehalt und es gab keinerlei Aussicht auf Verbesserung. Hier zu arbeiten gab seinem Stolz einen weiteren Dämpfer und er konnte nicht einmal mit seiner Frau über diese missliche Lage reden. Dieser Job war für ihn wie eine Todesstrafe. Jeden Tag trottete Johannes voller Bitterkeit und Groll zur Arbeit.

> Wenn man jung und gesund ist, hat man immer die Option, den Beruf zu wechseln.

Wenn man jung und gesund ist, hat man immer die Option, den Beruf zu wechseln und mit den entsprechenden Fähigkeiten die Karriereleiter nach oben zu steigen und mehr Geld zu verdienen. Was aber, wenn man keine entsprechende Möglichkeit hat, wenn der Arbeitsmarkt und die persönlichen Umstände die Wahl Ihres Berufes bestimmen? Was ist, wenn Ihr Beruf Sie in eine andere Richtung zieht, als Ihre Fähigkeiten es tun? Manchmal führt eine falsche Entscheidung zu anderen zweitbesten Optionen.

Dieses Kapitel richtet sich nicht an diejenigen, die die Option haben, in einen anderen annehmbaren Beruf zu wechseln. Es wurden bereits viele Bücher dazu geschrieben, wie man die Karriere vorantreiben oder seinen Traumberuf finden kann. Ich schreibe für diejenigen, die sich in ihrem Beruf gefangen fühlen – sei es durch ihr eigenes Verschulden oder aufgrund von Umständen, auf die sie keinen Einfluss hatten – und die Gott brauchen, um ihre Karriere und Berufung zu retten. Mit anderen Worten: Dieses Kapitel ist für all jene, die beruflich keine andere Option haben – sei es aufgrund ihres Alters, ihrer Fähigkeiten, ihrer Ortsgebundenheit, ihrer Verpflichtungen oder des allgemeinen Arbeitsmarktes. Zu sagen, sie müssten einfach nur ihre Arbeitsstelle wechseln, um ihre Karriere anzukurbeln, würde bedeuten, das Unmögliche zu verlangen. Sie haben kaum Möglichkeiten vorwärtszukommen, egal, wie sehr sie ihren Job auch hassen mögen.

Dieses Kapitel ist für all jene, die beruflich keine andere Option haben – sei es aufgrund ihres Alters, ihrer Fähigkeiten, ihrer Ortsgebundenheit, ihrer Verpflichtungen oder des allgemeinen Arbeitsmarktes.

Um es auf den Punkt zu bringen: Ich möchte denjenigen Hoffnung schenken, die sich in ihrem momentanen Beruf gefangen fühlen. Wenn das auf Sie zutrifft, dann bete ich, dass dieses Kapitel Ihnen Mut macht und Sie erkennen, dass Gott Ihnen nahe ist, selbst in dem Beruf, der Ihnen so viel Not macht. Verbringen Sie nicht den Rest Ihres Lebens damit, die Vergangenheit zu bedauern. Gott kann und wird das Beste aus Ihrer Situation machen.

Überqualifiziert und unterbezahlt

Mose, der große Führer, von dem wir im Alten Testament lesen, hatte die beste Ausbildung schlechthin, aber er konnte sie lange Jahre nicht nutzen. Nachdem er eine vielversprechende Erziehung und ein Leben am Königshof in Ägypten genossen hatte und ihm die ganze Welt offen stand, verbrachte er 40 Jahre bei Schafherden in der Wüste – in die Wildnis verbannt wegen einer Tat, von der er dachte, sie sei heldenhaft. Von Luxus und Größe ging es für ihn hinunter in Demut und Reue. Es wäre untertrieben zu sagen, er musste seine Ansprüche etwas herunterfahren. Für ihn ging es vom Reichtum hinab in den Abgrund.

In der Wüste zu leben war eine Sache, aber eine Arbeit zu tun, die er verachtete, war noch mal etwas anderes.

In der Wüste zu leben war eine Sache, aber eine Arbeit zu tun, die er verachtete, war noch mal etwas anderes. Mose war in der Kultur der Ägypter aufgewachsen, in deren Augen Hirten verachtenswert waren. Allmorgendlich wachte er ohne jegliche Hoffnung auf; er rechnete nicht mehr damit, dass sich seine Situation jemals ändern würde. Nun musste er Schafe hüten, und das wahrscheinlich bis ans Ende seines Lebens. Jeden Morgen erwartete ihn die gleiche Monotonie, Langeweile und Routine.

In Ägypten hatte Mose Mathematik, Astronomie und Chemie sowie die Hieroglyphen studiert. Er war bekannt gewesen und hatte den Luxus einer aufstrebenden Nation genossen. Jemand schrieb einmal: „Wenn er durch die Straßen in einer königlichen Kutsche fuhr, riefen die Menschen: ‚Verbeugt euch!' Er segelte auf dem Nil, umgeben von sinnlicher Musik in einem goldenen Kahn." [1]

Er hätte durchaus im Palast mit allem Luxus und Komfort bleiben können, aber er konnte sein eigenes Volk, die Hebräer, nicht vergessen, die als Sklaven hart arbeiten mussten. Eines Tages sah er, wie ein Ägypter einen seiner Stammesbrüder schlug. Mose erschlug den Ägypter und vergrub die Leiche im Sand. Es ist nicht verwunderlich, dass die Tat ans Licht kam. Als am nächsten Tag ein Hebräer mit einem anderen kämpfte und Mose zu schlichten versuchte, richteten die Männer sich gegen ihn. Derjenige, der den anderen geschlagen hatte, fragte: „Wer hat dich zum Aufseher und Richter über uns gesetzt? Gedenkst du etwa, mich umzubringen, wie du den Ägypter umgebracht hast?"

(2. Mose 2,14). Nun wusste Mose, dass sein Mord bekannt geworden war und seine Brüder ihn mit Argwohn und Feindseligkeit ansehen würden.

Am meisten jedoch schmerzte ihn, dass sein eigenes Volk ihn zurückwies. Im Neuen Testament gibt uns Stephanus einen weiteren Einblick, indem er sagt: „Er meinte aber, seine Brüder würden verstehen, dass Gott ihnen durch seine Hand Rettung gebe; sie aber verstanden es nicht“ (Apostelgeschichte 7,25). Mose dachte, seine Brüder würden ihn verstehen, aber das war eine trügerische Annahme. Viele Menschen, die in ihrem Leben gescheitert sind, mussten feststellen, dass sie sich getäuscht haben, wenn sie dachten, dass Gotteskinder dafür Verständnis aufbringen würden.

Als Pharao von der Sache erfuhr, fühlte er sich von Mose, der unter seiner Obhut aufgewachsen war, hintergangen; darum wollte er den Tod Moses. Da die Israeliten ihn ebenfalls verachteten, blieb Mose nicht viel übrig; um dem Tod zu entkommen, floh er in die Wüste. Er fühlte sich von seinem eigenen Volk hintergangen. Was für ihn jedoch noch schlimmer war: Er fühlte sich auch von Gott betrogen, denn seiner Meinung nach hätte Gott doch seine Risikobereitschaft für sein Volk segnen müssen.

> Obwohl er zu angeseheneren Arbeiten ausgebildet war, tat er alles, was er konnte, um zu helfen.

In der Wüste Midian angekommen, setzte sich Mose erschöpft an einen Brunnen. Er hatte seine Medaillen dabei; er hätte König von Ägypten werden können, aber dort in Ägypten war sein Ruf nun für immer ruiniert. Bestimmt hatte Pharao dafür gesorgt, dass jeder erfuhr, dass sein Adoptivsohn zum Verräter geworden war. Wo auch immer Mose hinschaute, war nichts als heißer Sand zu sehen.

Innerhalb weniger Stunden wurde aus Mose, der es gewohnt war, von allen im Palast bedient zu werden, ein Mann, der anderen diente – und zwar mitten in der Wüste. Niemals zuvor hatte er Schafe tränken müssen, an diesem Tag nun musste er erstmals unter der sengenden Hitze wirklich schuften. Als die Töchter des

Priesters von Midian an den Brunnen kamen, musste Mose sie vor den unflätigen Hirten schützen und ihnen helfen, ihre Herden zu tränken (2. Mose 2,17). Obwohl er zu angeseheneren Arbeiten ausgebildet war, tat er alles, was er konnte, um zu helfen. Seine innere Veränderung hatte begonnen.

Diese Frauen waren sich seiner Hoheit nicht bewusst. Als Reguel, der Vater der jungen Frauen, fragte, wer ihnen denn geholfen hätte, antworteten sie: „Ein ägyptischer Mann hat uns aus der Gewalt der Hirten befreit, und er hat sogar eifrig für uns geschöpft und die Herde getränkt“ (2. Mose 2,19). In Ägypten wäre Mose überall erkannt worden, nun aber lebte er zurückgezogen in Demut. Er wurde in das Haus Reguels eingeladen und heiratete später dessen Tochter Zippora. Somit stand sein Beruf als Hirte fest.

Es waren Umstände, nicht etwa seine Begabungen oder Fähigkeiten, die Moses Karriere bestimmten. Zu einem Führer war er ausgebildet worden, aber jetzt musste er die Arbeit von ungebildeten Sklaven tun. Er war hin und her gerissen zwischen seinen innerlichen Wünschen und den äußeren Umständen. Für die nächsten 40 Jahre war das Intelligenteste, was er während der täglichen Arbeit zu hören bekam, „Määh“!

Wie der Job zur wahren Berufung werden kann

Wie kann man emotional überleben, wenn man in einem Beruf steckt, für den man eigentlich überqualifiziert ist und der einem keine Möglichkeit bietet weiterzukommen? Wie kann man den Job als Berufung erkennen und der Alltäglichkeit etwas Sinnvolles abgewinnen? Wenn man zu einer Aufgabe berufen ist – von Gott – gibt das unserem Tun einen Sinn, auch dann, wenn diese Aufgabe erniedrigend zu sein scheint. Wir werden noch feststellen, dass das, was Sie tun, weniger wichtig ist als die Einstellung, mit der Sie es tun.

Wie ist Ihre Einstellung?

Mose musste sich in der Wüste entscheiden: Er hatte die Möglichkeit, jeden Morgen wütend aufzuwachen und seine verhasste Arbeit zu verrichten, ärgerlich darüber, dass er nicht das tun konnte, wozu er ausgebildet war; er konnte aber auch lernen, seine alltägliche Routine zu lieben. Wenn er seine Einstellung änderte, würde das auch sein Leben verändern. Was wäre das für ein Unterschied, wenn Mose das Schafehüten nicht nur als einen alltäglichen, öden Job ansehen würde, sondern als eine besondere Aufgabe von Gott! Das würde alles verändern. Der Poet James Oppenheim sagte einmal: „Der Narr sucht das Glück in der Ferne, dem Weisen wächst es unter den Fußsohlen!"

> Was Sie tun, ist weniger wichtig als die Einstellung, mit der Sie es tun.

Mose wusste es zu jenem Zeitpunkt noch nicht, aber Gott würde seinen beruflichen Rückschritt gebrauchen, um seine Perspektive zu ändern. Später würde Mose verstehen, dass das, was Gott *in* uns tut, wichtiger ist als das, was er *durch* uns tut. Welche Laufbahn wir auch immer eingeschlagen haben, ob wir unseren Traumberuf ausüben oder nicht, Gott kann unser Herz verändern. Unsere Fähigkeiten oder Unfähigkeiten spielen keine Rolle, unsere Einstellung ist es, die für ihn wichtig ist. Wir meinen, es würde nur das zählen, was man sieht, doch Gott legt viel mehr Wert auf das, was in unserem Inneren ist. Dan Miller schreibt: „Leider legen viel mehr Menschen Wert darauf, etwas zu tun, anstatt jemand zu sein."[2]

Vor einigen Jahren gab mir ein Freund das Buch von Viktor Frankl *... trotzdem Ja zum Leben sagen*, das davon erzählt, wie Frankl das Konzentrationslager unter Hitlers Regime überlebte. Darin beschreibt der Autor, dass weder Alter noch Gesundheit, Ausbildung oder Klugheit für das Überleben ausschlaggebend war. Die Einstellung war das Entscheidende; nur diejenigen, die glaubten, das Beste würde noch kommen, waren in der Lage, alles Schwere auszuhalten. Gott hilft uns, über unsere Umstände hinauszusehen. Ein Schreiber formulierte es folgendermaßen: Deine Einstellung bestimmt, wie hoch du kommst!

Wir meinen, es würde nur das zählen, was man sieht, doch Gott legt viel mehr Wert auf das, was in unserem Inneren ist.

In sozialer wie auch in geografischer Hinsicht war Mose meilenweit von Ägypten entfernt. Jetzt musste er 40 Jahre lang das tun, was er zu verachten gelernt hatte. Dieser berühmte, angesehene Mann vergeudete nun seine Zeit und verrichtete eine Arbeit, die jeder gewöhnliche Mensch hätte tun können. Ich glaube, Mose war in der Wüste nie so richtig zu Hause. Er fühlte sich sprichwörtlich fehl am Platz. Seine Begabung lag woanders als seine Verantwortung. Seine Ausbildung schien umsonst gewesen zu sein. Als er und seine Frau einen Sohn bekamen, nannten sie ihn Gerschom, was so viel wie „Fremder" bedeutet (2. Mose 2,22). Mose fühlte sich wie ein Ausländer, ein Mann ohne Heimat.

Aber war er an einer Kreuzung angelangt: Er konnte entweder weiterhin verbittert sein und sich betrogen fühlen oder aber er vertraute sich Gott an. Er konnte entweder die Wunden der Vergangenheit lecken oder vorwärtsgehen und das Beste aus dieser Eintönigkeit machen. Seine Arbeit würde sich nicht ändern, aber mit einer veränderten Einstellung würde sich alles für ihn zum Guten entfalten.

Ein Freund von mir bekam eine Stelle angeboten und sagte zu. Dann jedoch wurde das Angebot zurückgenommen. So schwer es ihm auch fiel, er akzeptierte diese Enttäuschung als von Gott gegeben. Ebenso akzeptierte er, dass er nun möglicherweise eine Stelle würde annehmen müssen, die unter seinen Gehaltsvorstellungen und seiner Position lag.

Hier nun die Frage an Sie: Können Sie Gott für Ihren Beruf danken, auch wenn er nicht gerade Ihr Traumberuf ist? Können Sie Gott für Ihren Chef und Ihre Kollegen danken und ebenso für jeden namentlich beten? Danken Sie Gott, auch wenn Sie ständig überarbeitet und unterbezahlt sind? Nur wenn wir es schaffen,

Gott für unseren ungeliebten Job zu danken, beginnt die Erneuerung unserer Einstellung.

Entscheiden Sie, wer Ihr wahrer Arbeitgeber sein soll

Über Moses Glaubensleben in der Wüste wissen wir nicht sehr viel. Uns ist nur bekannt, dass er im Rückblick auf seinen unbedeutenden Job Gottes Wirken selbst in den Rückschlägen und Enttäuschungen erkannt hatte. Wenn er Schafehüten als Berufung anerkennen konnte, dann würde auch die Erfüllung dieser Verantwortung belohnt werden. Er würde Gott in dem Gewöhnlichen, nicht in dem Außergewöhnlichen, erkennen können. Gott würde im Alltäglichen zu finden sein.

Im Neuen Testament finden wir eine völlig neue Sichtweise in Bezug auf unsere Berufung.

Im Neuen Testament finden wir eine völlig neue Sichtweise in Bezug auf unsere Berufung. Im ersten Jahrhundert gab es 40 oder 50 Millionen Sklaven im Römischen Reich, von denen keiner die Möglichkeit hatte, der erlittenen Ungerechtigkeit zu entfliehen. Egal, ob sie gute oder schlechte Herren hatten, sie waren alle im System gefangen. Zwar verstößt die Sklaverei klar und deutlich gegen das biblische Konzept der individuellen Würde und Gleichheit vor Gott, dennoch konnten die Sklaven rein gar nichts tun, um ihre Umstände zu ändern. Stattdessen ermutigte Paulus sie, ihre Einstellung zu korrigieren:

Ihr Sklaven, gehorcht euren irdischen Herren mit Furcht und Zittern, in Einfalt eures Herzens, als dem Christus; nicht mit Augendienerei, als Menschengefällige, sondern als Sklaven Christi, indem ihr den Willen Gottes von Herzen tut! Dient mit Gutwilligkeit als dem Herrn und nicht den Menschen! Ihr wisst doch, dass jeder, der Gutes tut, dies vom Herrn empfangen wird, er sei Sklave oder Freier.

Epheser 6,5–8

Was für eine Herausforderung für die Sklaven! Sie konnten anfangen, für Gott anstatt für die Menschen zu arbeiten. Genauer gesagt: Wenn sie ihren Herren dienten, sollten sie sich vorstellen, sie würden Christus dienen. Dadurch bekäme ihre Arbeit göttlichen Wert und Bedeutung.

> Selbst wenn unsere Tätigkeit weit unter unseren Möglichkeiten und Fähigkeiten liegt, können wir mit unserer zuverlässigen Arbeit Gott ehren.

Im Mittelalter herrschte die allgemeine Überzeugung, dass es Gott nur um religiöse Werke ging, zum Beispiel darum, Gebete aufzusagen, Almosen zu geben oder gute Werke zu tun. Dann aber kam Martin Luther, der lehrte, dass vor Gott alle Menschen Priester sind und dass alles, was wir tun, Gott wohlgefällig sein kann, wenn es zu seiner Ehre geschieht. Wenn eine Putzfrau also den Boden wischt, könnte sie damit Gott verherrlichen, sofern sie ihre Arbeit für Gott tut. Dagegen hätte Gott kein Gefallen daran, wenn ein aufgeblasener Priester die Sakramente austeilte und dennoch mit seinem Herzen meilenweit von Gott entfernt wäre. Luther machte klar, dass es nicht um die Werke selbst geht, sondern um unsere Einstellung der Anbetung, mit der wir unsere Arbeit verrichten. Sind Sie sich bewusst, dass Dreiviertel der Personen, die am meisten in der Bibel erwähnt werden, niemals ein religiöses Amt innehatten, sondern Gott in ihrem alltäglichen Leben dienten? Abraham zum Beispiel war ein gewöhnlicher Hirte, Josef ein Verwalter und Lukas ein Arzt. Gott verwandelte ihre tagtägliche Arbeit in eine Berufung.

Denken Sie hierüber einmal nach: „Ob ihr nun esst oder trinkt oder sonst etwas tut, tut alles zur Ehre Gottes!“ (1. Korinther 10,31). Wenn wir das beherzigen, wird die Unzufriedenheit in Bezug auf unseren Job oder unser Leben verschwinden. Denken Sie daran, dass wir Gott mit alltäglichen Dingen wie dem Essen oder Trinken – eigentlich mit allem – ehren sollen. Jesus selbst zeigte dies, indem er seinen Jüngern die Füße wusch. Als er sich herabließ, um im Namen seines himmlischen Vaters die Arbeit eines Dieners oder Sklaven zu tun, wusste er, dass er den verherrlichte, den er liebte, und das machte ihn zufrieden. Daher ist es auch nicht peinlich, wenn ein Mann mit Doktortitel in einem Schnellrestaurant Hamburger brät, um sich damit seinen Lebensunterhalt zu verdienen. Auch dort kann er, selbst wenn diese Tätigkeit weit unter seinen Möglichkeiten und Fähigkeiten liegt, mit seiner zuverlässigen Arbeit Gott ehren.

Ruth Graham, die verstorbene Frau des Evangelisten Billy Graham, hasste Geschirrspülen. Darum brachte sie über ihrer Spüle ein Schild an, auf dem stand: „Hier geschieht dreimal täglich ein göttlicher Dienst!" An unserem Arbeitsplatz können wir ein Zeugnis sein. Was aber noch wichtiger ist: Die Arbeit selbst sollte ein Zeugnis sein. Durch unsere Hingabe und Liebe sind wir ein Zeugnis für Gott.

Entscheiden Sie sich durchzuhalten

Mose ging davon aus, dass er den Rest seines Lebens in seiner glanzlosen Karriere in Midian würde verbringen müssen. Niemand wäre von seinen Referenzen beindruckt; ihm blieb nichts anderes übrig, als über seinen Fehler nachzugrübeln und darüber nachzudenken, wie schlecht er doch behandelt worden war. Jenseits der Wüste kümmerte es jedoch niemanden. Jahre wurden zu Jahrzehnten, in denen er weder befördert wurde noch irgendwelche Prämien erhielt. Dennoch war Gott da und in Mose begann eine innere Veränderung.

> „Das Ausharren aber soll ein vollkommenes Werk haben, damit ihr vollkommen und vollendet seid und in nichts Mangel habt."

Jakobus schreibt: „Haltet es für lauter Freude, meine Brüder, wenn ihr in mancherlei Versuchungen geratet, indem ihr erkennt, dass die Bewährung eures Glaubens Ausharren bewirkt. Das Ausharren aber soll ein vollkommenes Werk haben, damit ihr vollkommen und vollendet seid und in nichts Mangel habt" (Jakobus 1,2–4). Im Neuen Testament wird Geduld, Ausharren und die Fähigkeit weiterzumachen, auch dann, wenn man im Alltagstrott feststeckt, hoch bewertet. Hier ein weiterer göttlicher Rat, der mit einer Verheißung verknüpft wird: „Lasst uns aber im Gutestun nicht müde werden! Denn zur bestimmten Zeit werden wir ernten, wenn wir nicht ermatten“ (Galater 6,9). Ich bewundere Christen, die in guten und in schweren Tagen ihrer Berufung treu geblieben sind und Tag für Tag dranbleiben.

Walter Payton war von kleiner Statur, er war 1,77 m und wog 90 kg, und dennoch war er der beste Stürmer der *National Football League* (Anm. d. Übers.: amerikanischer Football). Seine Aufgabe war es, den Football durch die Menge der Spieler, die alle größer waren als er, hindurchzutragen, wobei abzusehen war, dass er nach wenigen Sekunden zu Boden geworfen würde. Nebenbei gesagt: In seiner 12-jährigen Karriere trug er den Football insgesamt etwas über 15 Meter durch die Spieler hindurch. Mit dem Ball gelaufen ist er alles in allem knapp 15 Kilometer.

Gesegnet sind die, die jeden Morgen aufstehen und zur Arbeit gehen, wissend, dass sie immer wieder „umgehauen“ werden – emotional oder psychisch – und dennoch immer wieder aufstehen.

Stellen Sie sich vor, Sie müssten 15 Kilometer weit mit einem Ball unter dem Arm laufen, wissend, dass ein 130 kg schwerer Footballspieler Sie immer wieder umwerfen wird. Payton wurde alle 4 Meter zu Boden geworfen. Nach meinen Berechnungen bedeutet das, dass er fast 3.750-mal unter seinen massigen Gegnern begraben wurde. Ein Reporter fragte ihn einmal: „Walter, wie haben Sie das geschafft?“ Er antwortete: „Ich bin einfach jedes Mal wieder aufgestanden.“

Gesegnet sind die, die ausharren. Gesegnet sind die, die jeden Morgen aufstehen und zur Arbeit gehen, wissend, dass sie immer wieder „umgehauen“ werden – emotional oder psychisch – und dennoch immer wieder aufstehen. Gott belohnt Durchhaltevermögen. Ein altes jiddisches Sprichwort sagt: „Derjenige, der das Schlechte nicht ertragen kann, wird nicht erleben, dass er Gutes sieht!“ Wenn wir an Gottes Fürsorge glauben, können wir das Schlechte ertragen, selbst in besonders schweren Zeiten.

Lassen Sie sich nichts vormachen

Als ich ein kleiner Junge war, überredete mich mein Bruder, mein kleines 10-Cent-Stück gegen sein größeres 5-Cent-Stück zu tauschen. Ich glaubte, ein gutes Geschäft gemacht zu haben, denn das 5-Cent-Stück war viel größer als das 10-Cent-Stück. So geht es uns oft; wir tauschen das Wertvollere gegen etwas ein, das nur äußerlich wertvoller zu sein scheint. Der wahre Charakter zeigt sich meist am besten unter finanziellem Druck. Unsere Integrität und unser Anstand zählen weit mehr als eine erfolgreiche Karriere, die unsere Beziehungen gefährdet und Kompromisse von uns fordert. Leider neigen wir oft dazu, unserer Arbeit und unserem Verdienst den höheren Stellenwert einzuräumen; wir tauschen die kleinen 10-Cent-Stücke gegen die großen 5-Cent-Stücke ein.

In finanziellen Notlagen sollten wir lernen, dass unsere Integrität mehr wert ist als alles Geld der Welt.

Aufgrund der momentanen wirtschaftlichen Schwierigkeiten ist zum Beispiel in den USA die Falschgeldherstellung rasant angestiegen. Die Behörden erklären, dass mehr Menschen als jemals zuvor die moderne Technologie dafür nutzen, um falsche 20-Dollar-Scheine zu drucken. Mit diesem Falschgeld zahlen sie alles – von der Pizza bis zur Tankfüllung. Noch nie haben so viele Leute ihre Integrität zu Schleuderpreisen verkauft. In finanziellen Notlagen sollten wir lernen, dass unsere Integrität mehr wert ist als alles Geld der Welt. Im Buch der Sprüche erhalten wir einen guten Rat: „Kaufe Wahrheit und verkaufe sie nicht, dazu Weisheit und Zucht und Verstand!" (Sprüche 23,23).

Lassen Sie sich selbst in schwierigen Zeiten nicht auf Betrug, Täuschung und hinterhältige Intrigen ein. Ihre Integrität sollte niemals auf dem Altar der finanziellen Notlage geopfert werden. Es gibt einige Dinge, die noch wichtiger sind als das Leben selbst – zum Beispiel die Ehre Gottes. Kein Beruf wäre es wert, den Charakter dafür zu opfern. „Steht fest ... seid stark" (1. Korinther 16,13). Ihr Glaube wird Sie in Zeiten der Krise halten.

Francis Schaeffer sagte einmal, dass Gott nicht darauf sieht, ob ein Mensch groß oder klein ist, sondern darauf, ob er geheiligt ist oder nicht. Deshalb misst Gott unserem Beruf nicht die gleiche Bedeutung zu wie wir. Mose musste lernen, dass man selbst in belanglosen Aufgaben Erfüllung finden kann. Wenn wir eine Arbeit tun, die nicht perfekt zu uns passt, so kann sie doch bedeutungsvoll sein, wenn wir sie für Gott tun.

Elisabeth Elliot, deren Mann zusammen mit vier weiteren Missionaren in Ecuador getötet wurde, arbeitete hart daran, die lokale Indiosprache in schriftlicher Form niederzuschreiben, und das in einer Zeit, in der es noch keine Computer und Kopierer gab. Eines Tages jedoch wurde ihr Koffer mit der Arbeit von zwei Jahren gestohlen und sie musste noch einmal von vorne anfangen. Als sie gefragt wurde, ob sie über den Diebstahl ärgerlich war, antwortete sie: „Nein, mit dieser Arbeit habe ich Gott verherrlicht. Das, was ich für ihn getan habe, ist für uns verloren; für Gott jedoch nicht!" Sie wollte sich nicht mit dem Gedanken abgeben, dass man für alles, was man in diesem Leben tut, auch eine Belohung erhält. Sie war nicht gewillt, flüchtigen Erfolg gegen wahre Bedeutung einzutauschen.

> Was wäre, wenn Gott Sie bäte, das, was Sie morgen bei der Arbeit tun müssen, für ihn zu tun?

Was wäre, wenn Gott persönlich vom Himmel käme und Sie bäte, das, was Sie morgen bei der Arbeit tun müssen, für ihn zu tun? Würde sich Ihre Einstellung über Ihre momentane Arbeitssituation ändern? Wir sollten nicht nur unsere Arbeit in Bezug auf Geldverdienen sehen, sondern als Dienst für Gott, der uns erlöst hat.

Gott sieht alles und weiß um alles

Zur Zeit des Neuen Testamentes gab es keinerlei Arbeitsrechte, keine Gewerkschaften und auch keine Möglichkeiten, um erlittenes Unrecht an Arbeitern wiedergutzumachen. Wie kann man inmitten solcher Ungerechtigkeit gelassen bleiben? Jakobus warnt diejenigen vor dem kommenden Gericht, die Arbeiter ausbeuten: „Siehe, der von euch vorenthaltene Lohn der Arbeiter, die eure Felder geschnitten haben, schreit, und das Geschrei der Schnitter ist vor die Ohren des Herrn Zebaoth gekommen" (Jakobus 5,4).

Gott sei Dank hat Jakobus auch ein Wort der Ermunterung für ausgebeutete Arbeiter: „Habt nun Geduld, Brüder, bis zur Ankunft des Herrn" (Jakobus 5,7). Gott wird sich schließlich der Ungerechtigkeiten an unserem Arbeitsplatz annehmen. Auch jetzt steht der „Richter ... vor der Tür" (Jakobus 5,9).

Verstehen Sie mich bitte nicht falsch: Wir sollten in jeder Situation um Gerechtigkeit kämpfen, aber selbst in unserer Zivilisation haben wir nicht immer Erfolg damit. So viele Rechtsbrüche werden erst dann geregelt, wenn der Richter kommt. In diesem Leben wird unser Rechtsempfinden nicht zufriedengestellt, das geschieht erst in der zukünftigen Welt.

> Gott möchte, dass wir ausharren – und wenn wir das tun, werden wir seine Hilfe und seinen Segen erhalten.

Jesus selbst war das beste Vorbild für Geduld, Ausdauer und Glauben. Er rächte sich nicht an denjenigen, die ihn ans Kreuz nagelten, sondern überließ das dem Höchsten Gericht des gesamten Universums. Er war bereit, auf das Endgericht zu warten, bei dem die Gerechtigkeit siegen wird. „Er wurde beleidigt und schimpfte nicht zurück, er litt und drohte nicht mit Vergeltung, sondern überließ seine Sache dem, der gerecht richtet" (1. Petrus 2,23; NeÜ). Nur wenn wir solchen Glauben haben, können wir alle Ungerechtigkeiten vergeben, ohne bitter zu werden.

Jeden Morgen, wenn ich aufstehe, bete ich: „Herr, verherrliche du dich heute durch mich." Dann bitte ich Gott um Weisheit, mich in den Situationen, die auf mich zukommen werden, richtig zu verhalten. Ich habe die Erfarhung gemacht, dass der Tag gut endet, wenn man ihn gut beginnt.

Gott möchte, dass wir ausharren – und wenn wir das tun, werden wir seine Hilfe und seinen Segen erhalten.

Entscheiden Sie sich für Offenheit Gott gegenüber

In seiner bescheidenen Situation in der Wüste, während er mit den Schafen allein war, konnte Mose heil werden. Noch konnte er nicht verstehen, warum sein Gehorsamsversuch gescheitert war, doch eines Tages würde er eine lebensverändernde Begegnung mit Gott haben, dessen Absichten noch völlig im Dunklen lagen. Weil Mose sein Herz öffnete, konnte Gott sein Lehrer werden. Jetzt, da Luxus und Macht ihn nicht mehr verführen konnten, wurde Mose allmählich verändert, während sein Herz darauf vorbereitet wurde, den Allmächtigen kennenzulernen. Er würde Gott so nahe kommen wie kein anderer Mensch jemals auf dieser Erde.

Gott gebrauchte die Wüste, um Mose etwas zu lehren, das er im Palast niemals gelernt hätte.

Gott gebrauchte die Wüste, um Mose etwas zu lehren, das er im Palast niemals gelernt hätte. Was für Mose das Ende eines bedeutenden Lebens zu sein schien, war in Wirklichkeit der Beginn einer der geschichtsträchtigsten Karrieren der Menschheitsgeschichte. Dort in der Wüste hatte er Zeit, sich zu rrinnern, nachzudenken und zu beten. Dann – genau zum richtigen Zeitpunkt – begegnete ihm der „Gott der zweiten Chance“.

Gottes Segen in der Wüste kam aber nicht automatisch. Wenn wir bitter werden und nicht für Gottes Führung bereit sind, kann die Wüste unser Herz hart statt weich machen. Johannes, um den es zu Beginn dieses Kapitels ging, glaubte, es wäre Gottes Fehler, ihm den Erfolg zu versagen, den andere in ihren Berufen genossen. Obwohl er jeden Morgen pflichtbewusst zur Tankstelle ging und täglich das Minimum seiner Aufgaben verrichtete, konnte er durch sein verbittertes Verhalten Gott nicht in seiner Wüstenerfahrung erkennen. Seine Bitterkeit wuchs und übertrug sich auf seine Frau und seine Kinder. Diejenigen, die in der Wüste bitter werden, bleiben bitter und werden keine geistliche Frucht bringen. Es liegt bis zu einem gewissen Grad an uns, ob wir das Beste aus unserer Situation machen oder ob wir von einer schlechten Entscheidung zu einer vielleicht noch schlechteren kommen.

Vertrauen Sie darauf, dass Gott bessere Tage schenkt

Nach 40 Jahren Wüste war Moses Herz offen für die Möglichkeit, Gott kennenzulernen. Da er weder im Osten noch im Westen, Süden oder Norden etwas anderes sah als Sand, schaute er nach oben. Vielleicht war ihm bewusst geworden, dass er Gott als Diener in der Wüste näher war, als er es als Herrscher im Palast des Pharao jemals gewesen wäre. Mose lernte, dass wir Gott nahen können, auch wenn er schweigt. Der Glaube öffnet Türen zu Gottes Gegenwart.

> Wir können Gott nahen, auch wenn er schweigt. Der Glaube öffnet Türen zu Gottes Gegenwart.

Völlig unerwartet sah Mose den brennenden Dornbusch, und er hörte die Stimme Gottes, der ihm eine neue Berufung gab. Er sollte derjenige sein, der Gottes Volk – das Volk, das ihn abgelehnt hatte – aus Ägypten heraus in das Verheißene Land führen sollte. Mose lernte, dass Gott auch dann am Werk ist, wenn er schweigt und wir sein Handeln nicht erkennen. „Und es geschah während jener vielen Tage, da starb der König von Ägypten. Und die Söhne Israel seufzten wegen ihrer Arbeit und schrien um Hilfe. Und ihr Geschrei wegen der Arbeit stieg auf zu Gott" (2. Mose 2,23). Über viele Tage hinweg – ungefähr 14.600 – wirkte Gott. Es dauerte 40 Jahre, aber Gott begann, die Gebete seines Volkes zu erhören.

Natürlich ist es einfach, Gott zu vertrauen, wenn man vor einem brennenden Dornbusch steht, wenn sich das Meer teilt und die Berge beben; es sind die Jahre des Schweigens, die einen mutlos machen. Aber gesegnet sind diejenigen, die Gottes Schweigen nicht als Gleichgültigkeit werten.

Es ist einfach im Glauben zu leben, wenn Sie gesund sind und Ihr Chef Sie gerade befördert hat. Wenn Sie mit Ihrer Arbeit zufrieden sind und Ihre Kinder mit dem Herrn leben, ist Vertrauen nicht schwer. Wenn Sie jedoch missverstanden und falsch beurteilt wurden oder Sie in einem Beruf stecken, der nicht Ihren Qualifikationen entspricht, wenn Sie Arztrechnungen zu bezahlen haben oder mit einem unmöglichen Ehepartner verheiratet sind – dann ist Ihr Glaube für Gott besonders wertvoll. Gott erkennt die Tiefe unseres Glaubens in der Wüste und nicht in Palästen. In seinen Augen ist Ihr Glaube dann, wenn er schweigt, besonders kostbar.

Gott erkennt die Tiefe unseres Glaubens in der Wüste und nicht in Palästen.

Warum zögerte Mose, als Gott ihn berief? Wahrscheinlich war er immer noch bitter wegen der Sache, die 40 Jahre zuvor in Ägypten geschehen war. Mein Freund pflegt zu sagen: „Hast du dich erst einmal an heißer Milch verbrannt, pustest du sogar auf den Joghurt."

Mose konnte nicht vergessen, was 40 Jahre zuvor wegen seiner Einsatzbereitschaft für sein Volk geschehen war. Er wollte nicht wieder zurückgewiesen werden. Gott sei Dank willigte er aber doch noch ein zu gehen.

Gott hatte Mose 40 Jahre an einen Ort gestellt, an dem er aus den Augen der Israeliten war und er seinen Charakter formen konnte. Moses Berufung als Hirte war die Grundlage für seine spätere Berufung als Führer, als der er mit den Mächtigen Ägyptens zu tun haben würde.

Sie und Ihre Wüste

Dan Miller erzählt in seinem Buch *48 Days to the Work You Love* (dt: In 48 Tagen zum Traumjob) von einen jungen Mann, der seinen Job folgendermaßen beschreibt: „Er ist völlig konträr zu meinem persönlichen und beruflichen Erwartungen. In mehrfacher Hinsicht unerfüllend: bedeutungs- und sinnlos; ein kurzsichtiges Jagen nach dem allmächtigen Mammon, eine parasitäre und niemals endende Reise durch das seichte Gewässer der Habsucht."[3] Dieser junge Mann würde gerne den Beruf wechseln; wie aber, wenn es unmöglich ist? Wie kann man in solch einer beruflichen Einöde überleben?

> Auch in der Wüste kann man Frucht bringen, wenn man von dem verborgenen Strom gespeist und erfrischt wird.

Kurz gesagt: Wenn man es schafft, den Job als Berufung zu erkennen, kann man sogar in der Wüste Früchte für Gott hervorbringen. Vor vielen Jahren bin ich durch die Wüste Sinai gereist. Es war unendlich erfrischend, an eine Oase zu kommen. Den Strom, der die Oase speiste, konnte man zwar nicht sehen, aber es war offensichtlich, dass er da war. Ebenso sollten wir Christen eine Quelle der Erfrischung sein, auch in einer Arbeitswelt, die moralisch und geistlich gesehen ausgetrocket ist. Ja, wir können in der Wüste Frucht bringen, wenn wir von dem verborgenen Strom gespeist und erfrischt werden.

Stellen Sie sich zwei Männer vor, die in solch einer beruflichen Einöde arbeiten. Der eine passt sich dem Charakter seiner Umgebung an und wird finster, hoffnungs- und bedeutungslos. Der andere Mann in dem gleichen Umfeld nutzt seine verborgenen Ressourcen und entwickelt eine Einstellung, die von Hilfsbereitschaft und Sinn geprägt ist. Jeder kann sofort den Unterschied erkennen.

Lesen Sie, wie Gott die beiden Männer beschreibt:

Verflucht ist der Mann, der auf Menschen vertraut und Fleisch zu seinem Arm macht und dessen Herz vom HERRN weicht! Er wird sein wie ein kahler Strauch in der Steppe und nicht sehen, dass Gutes kommt. Und an dürren Stätten in der Wüste wird er wohnen, in einem salzigen Land, wo sonst niemand wohnt. Gesegnet ist der Mann, der auf den HERRN vertraut und dessen

Vertrauen der HERR ist! Er wird sein wie ein Baum, der am Wasser gepflanzt ist und am Bach seine Wurzeln ausstreckt und sich nicht fürchtet, wenn die Hitze kommt. Sein Laub ist grün, im Jahr der Dürre ist er unbekümmert, und er hört nicht auf, Frucht zu tragen.
Jeremia 17,5–8; Hervohebung durch den Autor

Es kann sein, dass es an Ihrem Arbeitsplatz schmutziges Gerede gibt, dass Witze gemacht werden, die unter die Gürtellinie gehen, dass die Mitarbeiter sich gegenseitig fertigmachen und nur kritisieren. Machen Sie mit oder sind Sie anders, weil Sie Ihre Kraft aus den tiefen Wurzeln der verborgenen Quelle ziehen? Gott hat Sie an diesen Platz gestellt, um ein Zeugnis für ihn zu sein. Ihre Arbeitsstelle kann ein Ort sein, an dem Sie ein anziehendes Zeugnis sein können, weil Sie Christus dienen. Es ist auch der Platz, an dem Ihr Charakter geschliffen wird.

Drei Männer taten kniend ihre Arbeit als Steinmetze. Auf die Frage, was sie da täten, antwortete der erste Mann: „Ich behaue Steine." Der zweite Mann sagte: „Ich verdiene meinen Lebensunterhalt." Der dritte Mann schließlich meinte: „Ich baue eine Kathedrale." Die richtige Einstellung ist alles!

Selbst das Leben als Hirte kann eine göttliche Berufung sein, wenn wir Gott in unserem beruflichen Alltag Herr sein lassen.

Gebet

Vater, hilf mir, meine Einstellung in Bezug auf meinen Beruf zu ändern. Ich bitte dich um Gnade, dass ich erkennen kann, dass du tagtäglich bei mir bist. Lass mich verstehen, dass du mir diese Arbeit anvertraut hast – meine Berufung, meine Gelegenheit, dich zu ehren.

Ich möchte dir für die Schwierigkeiten bei meiner Arbeit danken; danke, dass du mir zeigst, dass es meine Berufung ist. Zeige mir, wie ich in meiner beruflichen Einöde Wurzeln schlagen kann. Hilf mir, ein Zeugnis für dich zu sein. Hilf mir, meinen Tag, meinen Job, meinen Tagesablauf und meine Beziehungen dir zu weihen. Ich gebe alles an dich ab. Danke, dass du selbst mein eigentlicher Arbeitgeber bist.

7

Wenn Sie andere verletzt haben

Reue ohne Ende

Nun wird es schwierig.

Wir wissen einerseits um Gottes Vergebung für unsere eigenen Fehler, was aber tun wir, wenn unsere negativen Entscheidungen andere verletzt haben? Die kurze Antwort lautet: Wir müssen um Vergebung bitten und Versöhnung mit der Person anstreben, der wir Unrecht getan haben. Auch wenn wir andere verletzt haben, gibt es Hoffnung, und Wiederherstellung und Heilung sind möglich. Gott steht immer auf der Seite derer, die tun, was richtig ist – egal, was es sie kostet.

Als ich kürzlich in einer fremden Stadt unterwegs war, beschloss ich, mir die Haare schneiden zu lassen. Ich hatte keine Ahnung, dass Gott ein Treffen zwischen mir und der Friseurin – ich nenne sie einmal Susan – geplant hatte. Ja, ich glaube an göttliche Zusammenführung. Kaum hatte ich mich hingesetzt, fragte Susan mich, was ich an jenem Tag getan hätte. Ich erzählte ihr, dass ich an einem Buch mit dem Titel *Wie aus Fehlern Chancen werden* arbeitete und gerade an einem Kapitel schrieb, in dem es darum ging, das Beste aus einer schwierigen Ehe zu machen.

Gott steht immer auf der Seite derer, die tun, was richtig ist – egal, was es sie kostet.

Sie konnte nicht glauben, was ich ihr da erzählte! Seit einem Jahr lebte sie von ihrem Mann getrennt, nachdem er sie getäuscht und heimlich größere Summen von ihrem Ersparten durch Spielen verprasst hatte. Während dieses Trennungsjahres hatte sie eine Affäre mit einem Mann, der in der gleichen Therapiegruppe wie Susan und ihr Mann war. Die neue Freundin jenes Mannes hatte von der Affäre erfahren und vielen ihrer Freunde davon erzählt. Susan rief diese Freundin an und bat sie, Stillschweigen über die Affäre zu bewahren. Die Unterhaltung verlief jedoch nicht gut, und nun wussten noch mehr Menschen von dieser Sache.

Susan hatte schreckliche Angst, dass ihr Ehemann von der Affäre erfuhr, und so war ihr Leben nur noch von Furcht und Depression bestimmt. Aus Angst konnte sie weder schlafen noch entspannen; ihr Mann konnte jederzeit davon erfahren. Bestimmt würde er wütend werden. Außerdem meinte sie, er sei nicht gut, wenn es ums Vergeben ginge. Susan glaubte, das würde das Ende ihrer Ehe bedeuten, und das hätte immense Auswirkungen für sie und ihre beiden Söhne.

Nachdem sie meine Haare geschnitten hatte, lehnte sie sich in dem großen, leeren Friseursalon gegen die Wand und weinte. Ich hörte ihr zu und betete zu Gott um Weisheit. Obwohl Susan keinen religiösen Hintergrund hatte, sagte sie mir, dass sie an Gott glaube und für ihre verzweifelte Situation auch schon gebetet habe. Sie meinte, ich wäre vielleicht die Antwort auf diese Gebete. Sie glaubte auch, dass Gott dieses Treffen wohl arrangiert habe.

Was sollte sie tun? Abgesehen davon, dass der Ehepartner die Wahrheit herausfinden könnte, muss der treulose Lebensgefährte immer die Verantwortung übernehmen und eine Affäre gestehen? Und was sollten Sie tun, wenn Sie eine Beziehung zerstört haben – sei es durch Betrug oder durch falsche Anschuldigungen? Wie viel sollten Sie gestehen und wem?

Wann ist ein Geständnis angebracht?

Sicher gibt es Dinge, die man besser nicht gesteht. Zum Beispiel sollten Sie Ihrem Ehepartner, Ihren Freunden oder Ihren Mitarbeitern nicht sagen, wenn Sie negativ über sie denken. Es ist nichts damit gewonnen, wenn man Dinge hervorholt, die die Beziehungen belasten, anstatt sie wiederherzustellen. Unsere negativen Gedanken über andere sollten wir Gott bekennen und sie bei ihm lassen. Natürlich gibt es Ausnahmen, wenn zum Beispiel unser Zorn uns dazu treibt, etwas Falsches oder Verletzendes zu tun.

Üben Sie Diskretion

Eine Frau fragte mich: „Soll ich gestehen, dass ich vor 25 Jahren unter Eid gelogen habe?" Unter Eid zu lügen ist ein schwerwiegendes Vergehen; Gott sagt in der Tat, dass die Hölle voll von Lügnern ist. Dennoch haben sich in den vergangenen 25 Jahren die Umstände stark geändert, und es könnte sein, dass es nicht realisierbar ist, ein Geständnis vor betroffenen Personen zu machen. Die Sache einer unbeteiligten Person zu gestehen kann hilfreich sein, aber manchmal müssen wir einfach Gott bitten, uns zu zeigen, wie wir diese Situation lösen können.

Ich weiß von einem Fall, in dem der Ehemann wirklich bösartig wurde; er ließ sich von seiner Frau scheiden und gebrauchte seine Kinder als Schachfiguren; bei jeder sich ihm bietenden Gelegenheit schikanierte er seine Frau. Er begann, seinen früheren Arbeitgeber, seine Freunde und seine gepeinigte Ehefrau zu verklagen. Wenn in solch einem Fall tatsächlich jemand Unrecht getan hätte, wäre jede Entschuldigung bei diesem Mann sinnlos gewesen, denn es wäre für ihn ein zusätzlicher Anlass für weitere Bosheiten, noch mehr Prozesse und Gewalt gewesen. Es gibt Situationen – zugegeben, nur sehr wenige –, in denen die Bitte um Vergebung nur dazu führen würde, dass noch mehr Repressalien gerechtfertigt werden. Daher ist es besser, die Sache auf sich beruhen zu lassen und Gott zu vertrauen, dass er die Wahrheit am Tag des Gerichtes ans Licht bringen wird.

Manchmal müssen wir einfach Gott bitten, uns zu zeigen, wie wir diese Situation lösen können.

Bei Ehebruch ist es wieder etwas anderes. Die Tat ist ein Vertrauensmissbrauch und hat Auswirkungen auf die Intimität der ehelichen Beziehung. Dieser Verrat bringt derart große seelische und emotionale Belastungen mit sich, dass ein Geständnis gegenüber der betrogenen Person unausweichlich ist. Ja, Susan war ihrem Mann die Wahrheit schuldig, ebenso wie ein untreuer Ehemann seiner Ehefrau die Wahrheit schuldig ist. Es liegt in der Natur eines Eheversprechens, dass Ehebruch nicht nur die beteiligten Personen betrifft, sondern auch die betrogenen Ehepartner, deren Vertrauen missbraucht wurde.

Ich muss Sie jedoch auch warnen, dass bei einem solchen Geständnis nicht nur unsere Bereitschaft, Sünde zuzugeben, entscheidend ist, sondern auch, dass unser Ehepartner bereit sein muss, zuzuhören und anzunehmen, was wir zu sagen haben. Oft ist es gut, sich Rat zu holen, was man sagen soll und was besser nicht. Ich weiß von Fällen, in denen der Ehemann vollkommen offen sein wollte und eine emotionale Affäre mit einer Mitarbeiterin und sündige Gedanken usw. gestand. Ohne angemessene Anleitung können solche Geständnisse eine Beziehung so weit zerstören, dass sie am Ende nicht mehr zu heilen ist.

Gebrochene Versprechen, finanzieller Betrug oder Sünden des Missbrauchs und Zornes müssen vor den betroffenen Personen ins Reine gebracht werden. Das gilt auch für Sünden, die zwar lange zurückliegen, aber dennoch niemals von den Leidtragenden vergessen werden konnten.

Wie lange würden Sie brauchen, um zu vergessen, dass ein guter Freund Sie um 5.000 Dollar betrogen hat? Ein Jahr? Fünf Jahre? Zehn Jahre? Wie lange erinnern Sie sich daran, dass jemand Sie belogen hat? Ohne Vergebung und Versöhnung nehmen wir solche Gedanken mit ins Grab. Selten kann Zeit die Wunde der Erinnerung an eine böse Tat heilen. Nur Vergebung und Versöhnung können uns helfen zu vergessen und nach vorne zu blicken.

Kürzlich sagte mir eine ältere Frau über ihren Mann: „Der könnte niemals um Vergebung bitten." Ihr Mann war bereits über 80 und lag im Sterben. Ihre Kinder warfen ihm vor, dass er sie körperlich und seelisch misshandelt hatte, als sie heranwuchsen. Entweder konnte oder wollte er es nicht zugeben und weigerte sich stur, sie um Vergebung zu bitten. Er war der Meinung, es sei alles schon so lange her und seine Kinder sollten es vergessen. Damit ignorierte er aber einfach die Realität. Wie anders wäre die Situation, wenn er sich demütigen und zu seinen Kindern sagen würde: „Bitte vergebt mir, dass ich euch so wehgetan habe."

Vergebung und Wiedergutmachung

Vergebung und Versöhnung verlangen oftmals auch Wiedergutmachung. Das ist für viele Menschen der Knackpunkt. Im Neuen Testament lesen wir von dem Zollbeamten Zachäus, der Jesus zum Essen eingeladen hatte. Nachdem Zachäus zum Glauben gefunden und Vergebung empfangen hatte, sagte er: „Siehe, Herr, die Hälfte meiner Güter gebe ich den Armen, und wenn ich von jemand etwas durch falsche Anklage genommen habe, so erstatte ich es vierfach" (Lukas 19,8). In jenen Tagen waren Zollbeamte für Mauscheleien, Betrügereien und Einschüchterungsmethoden berüchtigt. Zweifellos war Zachäus seine Errettung viel wert, denn er zahlte großzügig an diejenigen zurück, die er betrogen hatte.

Nur Vergebung und Versöhnung können uns helfen zu vergessen und nach vorne zu blicken.

Ein aktuelles Beispiel ist das eines gläubigen Bauunternehmers, der minderwertiges Material für den Häuserbau verwendete. Er warb mit einem gewissen Qualitätstandard, der höher war als der, den er tatsächlich erfüllte. Als er das jedoch nicht mehr mit seinem Gewissen vereinbaren konnte, stellte er sich folgende wichtige Frage: „Bin ich bereit, das zu tun, was Gott von mir verlangt?" Da sein Wille, Gott zu gefallen, immer größer wurde, nahm er seine gesamten Ersparnisse, belastete sein Haus und gab, soweit es ihm möglich war, seinen Kunden ihr Geld zurück. Ich fragte ihn: „War es die Sache wert?" Seine Antwort: „Jeden einzelnen Cent!"

Wie ist es mit jenem Arbeitnehmer, der das Formular der Arbeitsunfallversicherung ausfüllte, obwohl sein Unfall bei der Jagd passiert war? Nun erhält er Monat für Monat bis zu seinem Lebensende fälschlicherweise einen Scheck. Als er von jemandem aufgefordert wurde, die Sache klarzustellen, antwortete er: „Meinst du, ich bin so dumm und gehe dafür ins Gefängnis? Es ist nun einmal so und ich lasse es so weiterlaufen!" Aber wie kann jemand so eine Sache „weiterlaufen" lassen und Geld beziehen, das ihm gar nicht zusteht? Ist es nicht besser, mit einem reinen Gewissen im Gefängnis zu sitzen, als eine Rente zu beziehen und zu wissen, dass es Gott nicht gefällt?

Ich habe von einem Mann gelesen, der Morde begangen hatte, als er um die 20 war. Damals galt er als verdächtig, aber er wurde niemals verurteilt. Später heiratete er, bekam Kinder und dachte, er würde sein Geheimnis mit ins Grab nehmen. Dann wurde er jedoch Christ. Nun war sein Gewissen sensibilisiert, und er wusste, dass er die Sache in Ordnung bringen musste. Er stellte sich den Behörden und muss nun eine lebenslange Haftstrafe absitzen. Dennoch sagt er:

„Gott war seinem Versprechen, mich hindurchzutragen, treu. Es stimmt, ich bin ein Gefangener, aber vor Gott bin ich nun wirklich frei. Ich kann das Gefühl nicht beschreiben, wie es ist, wenn die schwere Last von einem genommen wurde – der Herr hält sein einst ungehorsames Kind sicher in seinen liebenden Armen. Er ist seinem Versprechen, mich niemals fallen zu lassen, treu geblieben! Ein wunderbarer Friede ist jetzt in meine Seele eingezogen, den ich so vorher nicht kannte. Nun bin ich in einem Hochsicherheitgefängnis und sitze meine Strafe für Mord ab. Aber ich habe mich in meinem Leben noch nie zuvor so frei und voller Frieden gefühlt."[1]

Das sind die Worte eines Mannes, der zwar äußerlich gefangen, innerlich jedoch frei ist. Es gibt nichts Kostbareres als ein Gewissen, das Frieden mit Gott hat.

Schritte zur Versöhnung

Wie sehr wünschen Sie sich ein Gewissen, so klar und rein wie ein Gebirgsbach?

Jemand sagte einmal, dass wir Gott am ähnlichsten sind, wenn wir Vergebung praktizieren, und am menschlichsten, wenn uns bewusst wird, dass wir Vergebung brauchen. Gott freut sich also am meisten über uns, wenn wir unsere Schuld an zerstörter Gemeinschaft zugeben. Wir müssen demnach bereit sein, alles daranzusetzen, damit Frieden da einziehen kann, wo zuvor Feindseligkeit und Streit war.

Es gibt nichts Kostbareres als ein Gewissen, das Frieden mit Gott hat.

Hier einige Vorschläge, die Ihnen helfen, das Beste aus dem Schmerz zu machen, den Sie anderen zugefügt haben. Gehen Sie diesen Weg mit einem Herzen, das offen für Gott ist.

Beten Sie ehrlich

Das Gebet ist zweifelsohne notwendig und grundsätzlich wichtig, aber wir wollen Gottes Kraft nicht als selbstverständlich hinnehmen. Sie dürfen sich auf folgende Zusage verlassen: „Der

Wenn wir uns mit der Person versöhnen wollen, der wir Unrecht getan haben, müssen wir Gott um seine Hilfe, Weisheit und Kraft bitten.

HERR ist mein Licht und mein Heil, vor wem sollte ich mich fürchten? Der HERR ist meines Lebens Zuflucht, vor wem sollte ich erschrecken? " (Psalm 27,1). Wenn wir diese Wahrheit in Anspruch nehmen, können wir uns auch mit der Person versöhnen, der wir Unrecht getan haben; dafür müssen wir Gott um seine Hilfe, Weisheit und Kraft bitten.

Jesus lehrte, dass Verfehlungen, die zwischen zwei Personen vorgefallen sind, auch untereinander geklärt werden sollten; sollte es aber zu keiner Klärung kommen, dann ist es notwendig, ein oder zwei andere Personen um Hilfe zu bitten. Wenn auch dies zu keinem Ergebnis führt, ist es Sache der Gemeindeleiter. In diesem Zusammenhang macht Jesus eine erstaunliche Zusage: „Wiederum sage ich euch: Wenn zwei von euch auf der Erde übereinkommen, irgendeine Sache zu erbitten, so wird sie ihnen werden von meinem Vater, der in den Himmeln ist. Denn wo zwei oder drei versammelt sind in meinem Namen, da bin ich in ihrer Mitte" (Matthäus 18,19–20). Gottes Gegenwart ist besonders dann vorhanden, wenn wir Vergebung gewähren und erbitten.

Nehmen Sie die Weisheit eines Beraters an

Für ernste Angelegenheiten wie zum Beispiel Untreue ist es weise, Ihr Geständnis vor einem Mediator, einem Berater oder Pastor zu machen, der behilflich ist, damit die Sache nicht aus dem Ruder läuft und der Vergebungsprozess der verletzten Person beginnen kann. In manchen Fällen, wenn zum Beispiel die Möglichkeit besteht, dass die verletzte Person mit Gewalt oder einer anderen Form von unvernünftigem Verhalten reagiert, ist es absolut notwendig, dass das Geständnis in Gegenwart eines vertrauenswürdigen und kompetenten Dritten gegeben wird. Ein weiterer Grund hierfür ist, dass jemand als Zeuge präsent ist und hinterher bestätigen kann, was gesagt und was nicht gesagt wurde.

Die schwierigste Situation, die ich je in meiner Zeit als Eheberater erlebt habe, war, als eine Ehefrau ihrem Mann gestand, dass das dritte Kind, mit dem sie gerade schwanger war, nicht seines war. Man kann sich den Schock, die Enttäuschung und alle unbeantworteten Fragen gut vorstellen, die durch das Geständnis der Ehefrau an die Oberfläche kamen. Mit ihrem gequälten Gewissen konnte die Frau die Lügen und den Betrug nicht länger ertragen; die Wahrheit musste ans Licht kommen – trotz aller Konsequenzen. Ich versuchte, den Ehemann dazu zu bewegen, einen großen Schluck von Gottes Gnade zu trinken, damit er dieses Kind als seines akzeptieren konnte. Anfangs wollte er es versuchen, später hörte ich jedoch, dass die Ehe auf sehr wackeligen Beinen stand. Ich verlor das Ehepaar aus den Augen, betete aber weiterhin für die beiden, dass ihre Ehe dem Feuersturm standhielt.

Was ich damit sagen will, ist Folgendes: Manchmal sollten bei einem Geständnis andere Menschen mit dabei sein. Es ist immer weise, jemanden zu bitten, dabei zu sein, wenn die Möglichkeit besteht, dass eine Konfrontation schreckliche Folgen hat.

Seien Sie bereit, jegliche Verantwortung für Ihr Tun zu übernehmen

Oft neigen wir dazu, es so darzustellen, dass unsere Fehler lediglich Resultat des Verhaltens oder der Fehler unseres Partners oder unserer Familie sind. Besonders Alkoholiker sind Spezialisten darin, andere für ihr Verhalten verantwortlich zu machen – den Ehepartner, den Arbeitgeber oder den Mitarbeiter. Jedoch können Ignoranz oder das Abwälzen von Schuld niemals zur Versöhnung führen. Eine Bitte um Vergebung, die mit Ausflüchten vollgepackt ist, mündet meist in Ablehnung, bestenfalls in einer einseitigen Versöhnung.

Wenn Sie Versöhnung suchen, dann beginnen Sie die Diskussion so, als läge der Fehler zu 100 Prozent bei Ihnen. Ich will Ihnen auch erklären, warum. Nehmen wir einmal an, zwischen Ihnen und einer anderen Person ist eine Kluft entstanden und Sie sehen 20 Prozent der Schuld bei sich. Das heißt, Sie geben Ihrem Gegenüber 80 Prozent der Schuld. Verständlicherweise sind Sie in diesem Fall der Ansicht, dass der andere auf Sie zugehen sollte, um das Verhältnis wieder in Ordnung zu bringen. Aber ich möchte es klar betonen: Sie sollten die 20 Prozent wie 100 Prozent ansehen, denn wir selbst sind zu 100 Prozent für unser Verhalten verantwortlich, egal, ob es um große oder kleine Dinge geht.

Manchmal sollten bei einem Geständnis andere Menschen mit dabei sein.

Wenn Sie die volle Verantwortung an einer zerbrochenen Beziehung übernehmen, kann das so etwas wie eine Brücke zum anderen sein; er hat dadurch die Wahl, Ihnen entgegenzukommen und im Gegenzug Sie um Vergebung zu bitten. Unser Wunsch nach Versöhnung kann den anderen so berühren, dass er sich eine Aussöhnung wünscht.

Es ist jedoch wichtig, dass wir bereit sind, den ersten Schritt zu tun, unabhängig davon, wie der andere reagiert. Wir müssen unsere Schuld aus dem Weg zu räumen, ohne dabei die andere Person mit einzuplanen. Wir müssen so handeln, als läge die komplette Schuld bei uns (egal, wie klein unser Anteil daran wirklich ist), und dann die andere Person Gott übergeben; damit sind Sie Ihrer Verantwortung ihr gegenüber entbunden.

Wenn wir etwas zugeben wollen, sollten wir das Wörtchen „falls" vermeiden. Sagen Sie nicht: „*Falls* ich dich verletzt haben sollte ..." Tun Sie nicht so, als wüssten Sie nicht, dass der andere verletzt ist, wenn Sie es genau wissen. Sagen Sie lieber: „Mir ist bewusst, dass ich dich verletzt habe. Deshalb bin ich gekommen, um dich um Vergebung zu bitten." Nennen Sie dann genau das Problem, damit kein Zweifel mehr daran besteht, dass Sie die Sache in Ordnung bringen möchten. Abschließend könnten Sie noch sagen: „Ich hoffe, dass du mir von Herzen vergeben kannst."

Respektieren Sie die Antwort

Wenn wir unser Versagen vor jemandem zugeben, würden wir gerne hören, dass er oder sie sagt: „Ja, ich vergebe dir!" Jedoch fällt es vielen nicht leicht, diese Worte auszusprechen; die meisten Menschen möchten keine klare Aussage machen, um jemandem Vergebung zu gewähren. Meist sagen sie eher so etwas wie: „Ach, es war doch nicht so schlimm", oder: „Ja, in Ordnung". Vielleicht schweigen sie auch oder sie sagen: „Das kann ich dir nicht verzeihen!"

Manchmal möchten Menschen auch keine Vergebung aussprechen, weil sie dadurch in der Schuld stehen würden, nun auch *ihren* Teil zur Versöhnung beizutragen. Möglicherweise haben sie Ihr falsches Handeln als Rechtfertigung für ihren Zorn oder für ihre Rachegedanken genommen. Wenn sie nun die Entschuldigung annähmen, hätten sie keine Grundlage mehr für ein solches Denken. Nun läge es an ihnen, die Sache ganz zu bereinigen.

Unser Wunsch nach Versöhnung kann den anderen so berühren, dass auch er sich eine Aussöhnung wünscht.

Falls die andere Person zu Ihnen sagt: „Ich weiß nicht, ob ich dir vergeben kann!", dann machen Sie deutlich, dass die Tür jederzeit für Vergebung offen steht. Falls die Person Ihnen dennoch nicht vergeben kann, liegt es immerhin nicht mehr an Ihnen, denn Sie haben alles Menschenmögliche getan. Damit kann Ihr Gewissen nun zur Ruhe kommen.

Falls keine Versöhnung stattfindet

Was aber, wenn keine Versöhnung stattfindet? Stellen Sie sich vor, Sie gehen zu jemandem hin und bitten ihn oder sie demütig um Entschuldigung, und die Person weist Sie zurück, lässt Sie schlecht dastehen und demütigt Sie? Was, wenn Ihre Entschuldigung barsch zurückgewiesen wurde und Sie Rachegedanken spüren?

Oder was ist, wenn Sie einen Menschen, der vor vielen Jahren an Ihnen schuldig geworden ist, mit seiner Tat konfrontieren? Ein Mann aus unserer Gemeinde erzählte mir einmal, dass er seinen Onkel damit konfrontiert hatte, dass er ihn sexuell missbraucht hatte. Der Täter war zuerst still geworden und dann weggegangen – ein Verhalten, dass die meisten an den Tag legen, wenn ihre Tat aufgedeckt wird.

Wir haben keinen Einfluss auf die Reaktion anderer. Wir sind nur für unseren Teil an der Versöhnung verantwortlich.

Was tun wir, wenn uns andere nicht vergeben wollen? Oder wenn sie das Böse ignorieren, das sie uns angetan haben? Wir haben keinen Einfluss auf die Reaktion anderer. Wir sind nur für unseren Teil an der Versöhnung verantwortlich. Manchmal müssen wir einfach das Ende einer Beziehung akzeptieren oder es Gott überlassen, dass er sich um den Rest kümmert.

Akzeptieren Sie das Ende der Beziehung

Manchmal müssen wir einfach die Tatsache akzeptieren, dass eine zerbrochene Beziehung nicht mehr geheilt werden kann. In. Kapitel 3 erzählte ich von einem Ältesten einer Gemeinde, der sich nach vielen Jahren von seiner Frau scheiden ließ, um seine neue Liebe zu heiraten. Dies brachte mit sich, dass die Familie auseinanderbrach. Seine neue Beziehung hielt nicht sehr lange und die neue Frau warf ihn schließlich hinaus. Obwohl er später über seine Sünde Buße tat, musste er mit den Konsequenzen seiner zerbrochenen, nicht mehr zu heilenden Beziehungen leben.

Ein anderes Beispiel ist das von zwei Christen, die sich entschlossen hatten, ein altes Haus zu kaufen und zu renovieren, um es anschließend mit Gewinn wiederzuverkaufen. Der eine Mann kaufte das Haus, während der andere mit seiner Kreditkarte für Tausende von Dollar Material und Werkzeug kaufte. Verständlicherweise erwartete er, dass sein Freund mit ihm abrechnen würde. Jedoch ließ sich das Haus, nachdem es renoviert war, nicht verkaufen. Der Mann mit den hohen Kreditkartenschulden bestand auf Ausgleich, während derjenige, der das Haus gekauft hatte, meinte, er habe das Geld nicht und könne seinen Freund erst dann ausbezahlen, wenn das Haus verkauft würde.

Die Männer konnten sich aus verständlichen Gründen nicht einigen, denn jeder beurteilte die Situation aus seiner Sicht, und jeder hatte seine eigenen Vorstellungen, wie die Situation zu lösen sei.

Wenn wir alles in unserer Macht Stehende getan haben, um Versöhnung herbeizuführen, müssen wir nach vorne schauen und unser Leben weiterleben. Jeder ist für sein eigenes Leben verantwortlich – das gilt sowohl für uns als auch auch für die uns entfremdete Person. Unsere Bemühungen, mit anderen klarzukommen, lehren uns, immer mehr wie Jesus zu werden, der es selbst nicht für notwendig hielt, mit aller ihn umgebenden Ungerechtigkeit fertigzuwerden, sondern alles dem gerechten Richter übergab (1. Petrus 2,21–23). Er wusste, sein Vater würde eines Tages ein gerechtes Urteil sprechen.

Was sollen wir also tun, wenn wir schuldig geworden sind und der andere uns nicht vergeben will? Was tun wir, wenn unsere Entschuldigungen als leere Geständnisse sowie selbstsüchtige und gewissensberuhigende Worte angesehen werden? Und was sollen wir machen, wenn eine Beziehung wegen unseres Unrechts nicht wiederhergestellt werden kann?

Obwohl wir manchmal das Ende einer Beziehung akzeptieren müssen, dürfen wir niemals die Hoffnung aufgeben. Solange beide Parteien noch leben, besteht die Möglichkeit einer Versöhnung. Wir sollten weiterhin um Gottes Segen für die uns entfremdete Person beten und alles uns Mögliche tun, damit eine Beziehung wiederhergestellt werden kann, in der man höflich miteinander umgeht, auch wenn das frühere Vertrauen und die alte Nähe nicht wiederzuerlangen sind.

Zwei Missionare, die zusammen in Südafrika dienten, waren sich nicht immer einig und gingen schließlich getrennte Wege. Eine aufrichtige Versöhnung schien unerreichbar, denn auf beiden Seiten herrschte Misstrauen, und jeder meinte, im Recht zu sein. Auch wenn die Zeit nicht immer alle Wunden heilt, kann sich durch sie oftmals die eigene Perspektive ändern. Heute haben sich die beiden nicht nur versöhnt, sie sind sogar enge Freunde geworden. Gott kann solch ein Wunder auch in Ihrem Leben geschehen lassen!

Wenn Versöhnung scheitert, können Sie dennoch zuversichtlich sein, weil Sie alles in Ihrer Macht Stehende getan haben, um den Bruch zu heilen. Was hier auf der Erde nicht geklärt wurde, wird spätestens in der Ewigkeit geklärt werden.

Vertrauen Sie darauf, dass Gott sich der Sache annehmen wird

Ungelöste Angelegenheiten sollten Jesus Christus anvertraut werden. Er kann das tragen, was wir nicht schaffen. Unsere Trauer über zerbrochene Beziehungen erinnert uns daran, wie sehr wir Gottes Gnade benötigen; das sollte uns aber nicht lähmen und glauben machen, unser Leben sei am Ende. Jesus scheiterte nicht, weil er nicht bis zu seinem Tod alle Menschen mit sich versöhnte.

Trotz aller besten Absichten bleiben manche Beziehungen einfach ungeklärt. Wenn wir alles getan haben, um eine Freundschaft wiederherzustellen, müssen wir darauf vertrauen, dass Gott sich auf seine Art der Sache annehmen wird – entweder in diesem Leben, spätestens jedoch im zukünftigen.

Auch wenn die Zeit nicht immer alle Wunden heilt, kann sich durch sie oftmals die eigene Perspektive ändern.

Es darf uns trösten, dass Gott schließlich alle Dinge ans Licht bringen wird. „So verurteilt nichts vor der Zeit, bis der Herr kommt, der auch das Verborgene der Finsternis ans Licht bringen und die Absichten der Herzen offenbaren wird! Und dann wird jedem sein Lob werden von Gott“ (1. Korinther 4,5). Diese Stelle bezieht sich auf den Richterstuhl Christi, wo Gott über alle ungelösten Dinge zwischen den Gläubigen das Urteil sprechen wird.

Was die Ungläubigen betrifft, so müssen sie ewig die volle Verantwortung für ihre Sünden tragen. Egal, wie, aber der

Gerechtigkeit wird Genüge getan, die Strafe wird den hohen Maßstäben Gottes entsprechend ausfallen.

In den USA heißt es: „Verschobene Rechtsprechung ist verweigerte Rechtsprechung“ – und in Bezug auf weltliche Gerichte stimmt das auch. Jedoch: Gott entgeht nichts; Gottes Beweisstücke gehen nicht verloren. Darum können wir beruhigt auf den Tag des Gerichts warten, bis er sein Urteil fällt. Wenn wir alles getan haben, was in unserer Macht steht, müssen wir uns von dem Druck befreien, selbst alles regeln zu müssen. Wir sollten vielmehr Gott unsere Angelegenheiten übertragen und darauf vertrauen, dass er sie für uns regelt.

Am Ende seines Lebens war David mit denjenigen, denen er Unrecht angetan hatte, unversöhnt. Nachdem er Uria ermorden ließ, damit er Batseba zur Frau nehmen konnte, erfuhr er Gottes Vergebung. Dennoch konnten seine Tränen Batsebas Reinheit nicht wiederbringen und auch seine Reue konnte Uria nicht wieder zum Leben erwecken. Seine anderen Frauen empfanden Abneigung gegenüber Batseba, als sie in den Palast einzog. Seine Söhne verachteten ihn wegen seines moralischen Fehltritts und sahen ihn als Heuchler an.

Doch obwohl er so ein Durcheinander verursacht hatte, das nie wieder gutzumachen war, konnte sich David über Gott freuen. Er betete:

Lass mich Fröhlichkeit und Freude hören, so werden die Gebeine jauchzen, die du zerschlagen hast. Verbirg dein Angesicht vor meinen Sünden, und tilge alle meine Schuld! Erschaffe mir, Gott, ein reines Herz, und erneuere in mir einen festen Geist! ... Lass mir wiederkehren die Freude deines Heils, und stütze mich mit einem willigen Geist! Lehren will ich die von dir Abgefallenen deine Wege, dass die Sünder zu dir umkehren.“
Psalm 51,10–12.14–15

Dies sind Worte der Hoffnung für alle, die’s vermasselt haben!

Sorgen Sie dafür, dass diejenigen, die Gnade brauchen, Heilung erfahren

Der Apostel Paulus schreibt: „Wenn auch ein Mensch von einem Fehltritt übereilt wird, so bringt ihr, die Geistlichen, einen solchen im Geist der Sanftmut wieder zurecht. Und dabei gib auf dich selbst acht, dass nicht auch du versucht wirst" (Galater 6,1). Das griechische Wort für „zurechtbringen" wurde oft im Sinne von „gebrochene Knochen richten" gebraucht. Ich hatte noch nie einen Knochenbruch, aber ich kann mir kaum vorstellen, dass man möchte, dass einem jemand den Knochen mit einem Brecheisen richtet. Man möchte, dass jemand zart, mit Mitgefühl und Geschick darangeht.

> Obwohl er so ein Durcheinander verursacht hatte, das nie wieder gutzumachen war, konnte sich David über Gott freuen.

Viele Menschen laufen heute mit emotionalen Knochenbrüchen herum – entweder weil sie selbst gefallen sind oder weil ihnen jemand ein Bein gestellt hat. Paulus würde Folgendes sagen: „Bringe das ganz, ganz vorsichtig wieder in Ordnung." Wenn Sie jemandem Unrecht getan haben, geben Sie es zu – und das nicht nur halbherzig. Wenn Sie anderen helfen, sich zu versöhnen, dann tun Sie es einfühlsam und mit Geduld.

„Glückselig die Friedensstifter, denn sie werden Söhne Gottes heißen" (Matthäus 5,9).

Gebet

Vater, hilf mir, dass ich alles in meiner Macht Stehende tue, damit mein Gewissen gereinigt ist. Gib mir Weisheit, das zu sagen, was ich sagen soll, sowie wem und wie ich es sagen soll. Mache mein Herz und meinen Verstand demütig, die Hilfe eines weisen Freundes zu erbitten, damit ich diesen Prozess durchstehen kann. Gib mir die Gewissheit deiner Vergebung, wo ich Entscheidungen getroffen habe, die andere verletzt haben; und bitte schenke mir die Bereitschaft, auch anderen zu vergeben.

8

Wie man kluge Entscheidungen trifft

Weisheit für die Zukunft

Während eines Urlaubs mit meiner Familie am *Lake of the Ozarks* in Missouri ließ ich mich einmal mit dem Rücken auf einer Luftmatratze liegend auf dem See treiben und genoss die warme Sonne. Nach einigen Minuten öffnete ich die Augen wieder und stellte fest, dass ich vom Steg aus mit meiner Matratze in eine unerwartete Richtung getrieben worden war. Es dauerte einige Minuten bis ich mich neu orientiert hatte und anhand des Ufers erkennen konnte, wie weit ich mich von meinem Ausgangspunkt entfernt hatte.

Oft geht es uns in unserem Leben ganz ähnlich. Wir „werden wach", kommen zur Vernunft, und stellen fest, wie weit wir uns von unserem Ausgangspunkt entfernt haben; dabei fragen wir uns, wie das nur geschehen konnte. Wie konnten wir in solch einen Schlamassel geraten? Manches Mal lassen wir uns vom Leben nur so dahintreiben und hoffen, dass unsere „Luftmatratze" an einer guten Stelle ankommt. Durch die ungewollten Konsequenzen unserer Fehlentscheidungen finden wir uns oft da wieder, wo wir gar nicht hinwollten. Niemand plant eine Scheidung ein; niemand hat vor, pleite zu gehen; niemand beabsichtigt, einen bedeutungslosen Job zu haben. Und niemand plant, ohne Sinn und Ziel durchs Leben zu gehen.

Warum treffen Menschen dann immer wieder törichte Entscheidungen? Oftmals wohl deshalb, weil sie der allgemeinen Lüge Glauben schenken, die heißt: „Folge einfach deinem Herzen." Die Bibel sagt jedoch, dass unsere Herzen sehr trügerisch sind. Instinktiv wissen wir nicht, welchen Weg wir wählen sollen, also werden wir vom Herzen hin und her getrieben. Wir brauchen eine bessere Grundlage als unsere wankelmütigen Gefühle, wenn wir ein lohnenswertes Ziel erreichen wollen.

Wir brauchen eine bessere Grundlage als unsere wankelmütigen Gefühle, wenn wir ein lohnenswertes Ziel erreichen wollen.

Wie aber können wir in unserem Leben klügere Entscheidungen treffen? Ja, wir wissen, Gott ist bei uns, auch wenn wir Fehler machen, aber wie viel besser wäre es doch, wenn wir erst gar keine Fehler machen würden? Die Tatsache, dass Sie dieses Buch lesen, ist der beste Beweis dafür, dass Gott mit Ihnen noch nicht am Ziel ist. Sie haben noch einige wichtige Entscheidungen zu treffen und Ihre Zukunft kann immer noch besser werden als Ihre Vergangenheit. Gott sei Dank dürfen wir ihm die zerbrochenen Teile unseres Lebens geben und ihn bitten, uns wieder in die richtige Spur zu bringen.

In diesem Kapitel möchte ich einige erprobte und bewährte Prinzipien betrachten, die helfen, kluge Entscheidungen zu treffen. Jedes Mal, wenn ich sie selbst angewandt habe, habe ich gute Entscheidungen getroffen; wann immer ich sie ignorierte, bereute ich meinen gewählten Weg. Es ist immer wieder erstaunlich, wie Gott an uns arbeitet und uns vor falschen Entscheidungen bewahren will, wenn wir ernsthaft das tun wollen, was richtig und gut ist. Voraussetzung ist, dass wir uns seinem Willen und Plan unterstellen wollen.

Wir kennen unsere Zukunft nicht, Gott jedoch schon. Nur er kann „um die Ecken" sehen, und deshalb sollten wir seinen Rat und seine Hilfe in Anspruch nehmen, bevor wir zu neuen „Abenteuern" aufbrechen. Gott gibt uns ein Versprechen, an das er sich hält: Wenn wir ernsthaft seinem Willen folgen möchten, wird er uns Weisheit geben, wie wir uns an den Kreuzungen unserer Lebenswege entscheiden sollen. Wenn wir im Glauben bitten, wird Gott auch antworten (siehe Jakobus 1,5–8). Doch Gott lässt nicht mit sich spielen; er wird uns seine Weisheit vorenthalten, wenn wir darum bitten, obwohl unsere Entscheidung eigentlich schon feststeht. Um Weisheit zu bitten heißt, dass wir alle Karten offen hinlegen, einen Blankoscheck unterschreiben und Gott erlauben, alle Einzelheiten selbst auszufüllen.

Um Weisheit zu bitten heißt, dass wir alle Karten offen hinlegen, einen Blankoscheck unterschreiben und Gott erlauben, alle Einzelheiten selbst auszufüllen.

Für gewöhnlich stolpern wir nicht in kluge Entscheidungen hinein. Ich bete dafür, dass Ihnen dieses Kapitel hilft, in der richtigen Spur zu bleiben, sodass Sie eines Tages ohne Reue zurückblicken können und zufrieden sind, weil Sie Gott nach Ihren besten Möglichkeiten gedient haben.

Bevor wir uns damit befassen, was wir tun *sollen*, wollen wir uns kurz anschauen, was wir *nicht* tun sollten.

Was Sie nicht tun sollten

1. Lassen Sie sich nicht dazu verleiten, den Weg des geringsten Widerstandes zu gehen. Oft ist der leichteste Weg nicht der beste, oftmals endet er in Reue und Ruin. Um es deutlich zu sagen: Wenn wir unserem natürlichen Instinkt folgen, geraten wir sehr schnell vom Kurs ab. Bestimmt erinnern Sie sich an Jona. Er merkte, dass er genug Geld in der Tasche hatte, um ein Schiff zu buchen und nach Westen zu segeln, obwohl Gott ihm aufgetragen hatte, nach Osten zu gehen. Er meinte, es wäre viel einfacher, eine Kreuzfahrt auf dem Mittelmeer zu machen, anstatt den ihm verhassten bösen Menschen zu predigen. Sie wissen, wie die Geschichte weitergeht. In Ninive zu predigen wäre das geringere Übel gewesen im Vergleich damit, von einem großen Fisch verschluckt zu werden. Gott gebrauchte einen Sturm und ein Tier, um Jona eine zweite Chance zu geben und um ihm zu zeigen, dass der Weg des geringsten Widerstands oftmals zu einer Reise zum Meeresgrund führen kann.

Meist haben „leichte" Entscheidungen die schmerzlichsten Konsequenzen.

Meist haben „leichte" Entscheidungen die schmerzlichsten Konsequenzen. Oftmals entscheiden sich Paare zu heiraten, weil eine Trennung ihnen zu schwierig erscheint. „Ich weiß, ich hätte ihn nicht heiraten sollen", sagte mir eine verzweifelte junge Frau, „aber nach allem, was wir durchgemacht haben, hatte ich nicht die Kraft, Nein zu sagen." Eine Verlobung zu lösen schien schwerer, als eine Hochzeit zu planen. Nach vielen Jahren des Werbens Nein zu sagen schien umöglich zu sein und es hätte nur peinliche Fragen und persönlichen Schmerz bedeutet. Statt das zu tun, was richtig gewesen wäre, ignorierte sie ihre Instinkte und heiratete den Mann. Hier bewahrheitete sich das Sprichwort: „Schnell geheiratet, lange bereut." Sie lernte, dass einfache Entscheidungen oftmals in einer harten Realität enden; häufig ist der beste Weg der schwierigste.

Die Wörter „einfach" und „richtig" scheinen einfach nicht zusammenzupassen. Wenn wir mit dem Strom schwimmen anstatt dagegen, werden wir bald feststellen, dass wir uns mit einer Entscheidung zufriedengeben, die leicht zu treffen ist, mit der es sich aber schwer leben lässt. Der Weg des geringsten Widerstandes schafft krumme Wege und bittere Christen.

2. Opfern Sie nicht das Dauerhafte für das Momentane. Amy war eine junge Frau, die nicht gerne zur Schule ging. Als ihr nach der

Highschool eine Stelle als Verkäuferin in einer örtlichen Boutique angeboten wurde, sagte sie zu. Der Job bedeutete Unabhängigkeit und Luxus. Doch zehn Jahre später, als sie verheiratet und die Eintönigkeit der Arbeit leid war, hatte sie weder das Geld noch die Zeit, um doch noch zu studieren. Damals hatte sie es nicht gewusst, aber weil sie sich für das entschied, was ihr passend erschien, verlor sie langfristige Ziele aus den Augen. Wenn Sie eine Entscheidung treffen, denken Sie über das Heute hinaus.

3. Treffen Sie keine vorschnellen Entscheidungen, besonders nicht, wenn sie weitreichend sind. Manches Mal meinen wir, wie müssten uns schnell entscheiden, vielleicht weil wir etwas unbedingt wollen und die Sache vorantreiben möchten. Die Bibel ermutigt uns jedoch, „auf den Herrn zu warten", das heißt, wir sollten darauf warten, dass Gott uns führt. Das sollten wir allerdings nicht als Ausrede dafür benutzen, nichts zu tun, während wir das ignorieren, was wir tun könnten, um unser Leben fruchtbarer zu machen.

Ich weiß von zwei Männern, die ihren Arbeitgeber verließen, um ihre eigene Firma zu gründen, die für diesen direkte Konkurrenz bedeuten würde. Selbstverständlich ist daran im Grunde nichts Schlimmes. Jedoch war das Motiv in diesem Fall die pure Gier nach mehr Geld sowie der Wunsch, den anspruchsvollen und undankbaren Chef zu ärgern. Sie dachten nicht daran, Gott um Weisheit zu bitten. Sie waren überzeugt, sie könnten eine starke Firma aufbauen; sie hatten es sich in den Kopf gesetzt und sahen keinen Grund, weshalb sie von ihrem Vorhaben absehen sollten. Offensichtlich war Gott von ihrer Weisheit nicht beeindruckt, denn in der Bibel lesen wir: „Hochmut [kommt] vor dem Fall" (Sprüche 16,18). Ihr Geschäft scheiterte, und sie wünschten sich, sie wären in ihrer alten Firma geblieben.

> Wenn wir voreilig eine Entscheidung treffen, können wir nicht erwarten, dass Gott seinen Segen dazu gibt.

Wenn wir voreilig eine Entscheidung treffen, besonders wenn wir falsche Motive haben, können wir nicht erwarten, dass Gott seinen Segen dazu gibt. Ja, wenn wir darüber Buße tun und beten, wird Gott uns helfen. Aber besser wäre doch eine langfristige Perspektive. Jemand sagte einmal: Das Leben ist ein Marathon, kein 100-Meter-Lauf.

Ich habe das folgende Prinzip erkannt: Wir müssen Gott die Möglichkeit geben, zu unserer zu treffenden Entscheidung Nein zu sagen. Ich habe festgestellt, dass Gott tausenderlei Möglichkeiten hat, Türen zu öffnen oder zu schließen. Er möchte uns so gerne auf den richtigen Weg leiten.

4. Seien Sie kein Narr! Im Buch der Sprüche wird ein Narr als jemand beschrieben, der keinen weisen Rat annimmt. Er oder sie lernt nicht aus Fehlern und lässt sich auch nicht leiten. Ein Narr ist hochzufrieden mit seiner eigenen Weisheit. Hier ist eine Warnung: „Seid nicht wie ein Ross, wie ein Maultier, ohne Verstand; mit Zaum und Zügel ist seine Kraft zu bändigen, sonst nahen sie dir nicht" (Psalm 32,9).

Es gibt Menschen, die sich den passenden Rat aussuchen wie ein Kleidungsstück. Wenn sie von jemandem einen Rat bekommen, den sie nicht hören wollen, gehen sie zum Nächsten und vielleicht noch zu anderen, bis sie das hören, was sie sich längst in den Kopf gesetzt haben. Wenn Sie wirklich Weisheit suchen, nehmen Sie in Kauf, einen Rat zu hören, der Ihnen vielleicht nicht gefällt.

Die Welt ist voll von Geschichten über Menschen, deren Leben vergeudet ist, weil sie „ihr eigenes Ding" durchziehen wollten und weder die Weisheit der Bibel noch den Rat ihrer Familien und Freunde angenommen hatten.

In einer Zeit der Verwirrung weise Entscheidungen treffen

Wie ich bereits erwähnte, sind die klügsten Entscheidungen solche, die mit Blick auf das Ende getroffen werden. Wenn wir hier und jetzt kluge Entscheidungen treffen wollen, müssen wir uns zuvor fragen, wer wir am Ende unseres Lebens sein möchten. Als ich studierte, ermunterte einer unserer Professoren uns hin und wieder, uns selbst zu fragen: „Was sollte ich heute tun, das ich mir in 20 Jahren wünschen werde, getan zu haben?“ Wir müssen über das Gegenwärtige hinaussehen, um zu erkennen, was uns später einmal helfen wird. Folgende Prinzipien helfen Ihnen, in der richtigen Spur zu bleiben.

Hinterfragen Sie Ihre Motive

Nehmen Sie sich Zeit, Ihre Motive zu hinterfragen und zu prüfen, was Gottes Wille und was Ihr Wille ist. Anders ausgedrückt: Sie sollten nicht fragen: „Was macht mich glücklich?“, sondern: „Was will Gott von mir?“ Folgende Frage ist noch entscheidender: „Bin ich bereit, das zu tun, was Gott will?“ Meiner Meinung nach ist der einzige Grund, warum wir falsche Entscheidungen treffen, der, dass wir zu stur sind, uns dem Willen Gottes zu unterwerfen. Wir betrügen uns selbst, wenn wir denken, wir könnten unser eigenes Leben zu eigenen Bedingungen führen – entweder aus Angst vor dem, was er von uns verlangt, oder davor, dass er uns einschränken könnte.

> Wir müssen über das Gegenwärtige hinaussehen, um zu erkennen, was uns später einmal helfen wird.

Wir haben alle unsere Vorstellungen, was wir uns für unser Leben wünschen: eine glückliche Ehe, ein wunderschönes Haus, Anerkennung für unsere Leistungen, einige Dinge, die unser Leben komfortabel machen, und eine frühe Pensionierung. Alles dies sollten wir Gott anbefehlen. Das Risiko, das wir dabei eingehen, ist, dass unsere Wünsche nicht erfüllt werden, wenn wir uns aufrichtig Gottes Willen unterordnen. Wir können nicht sagen: „Gott zeige mir doch schon mal, wie du dir mein Leben vorstellst, damit ich mich dann entscheiden kann, ob ich das wirklich möchte oder nicht.“

Wir können alle froh und dankbar sein, dass Jesus im Garten Gethsemane nicht sein persönliches Glück über den Willen

Gottes stellte. Stattdessen sagte er: „Vater, wenn du willst, nimm diesen Kelch von mir weg – doch nicht mein Wille, sondern der deine geschehe!“ (Lukas 22,42). Selbstverständlich sind die meisten Entscheidungen, die wir zu treffen haben, weder so tief gehend noch so einschneidend, dennoch gilt: Wir müssen uns Zeit nehmen, uns die schwere Frage zu stellen, was Gott von uns will. Tatsächlich gibt er uns das Beste, wenn wir ihm die Wahl überlassen.

Klären Sie Ihre Prioritäten

Klären Sie Ihre Prioritäten, wenn Sie vor einer schwierigen Entscheidung stehen. Nehmen Sie sich ein Blatt Papier und schreiben Sie alle Für und Wider auf; bedenken Sie, was diese Entscheidung für Sie, Ihre Familie und Ihre eigene Erfüllung bedeutet. Der bestbezahlte Job ist nicht unbedingt der Beste für Sie. Schon oft haben Menschen das Wichtigste für das Unwichtigste geopfert. Stellen Sie sich also selbst diese schwierigen Fragen: Was bedeutet diese Entscheidung für meine emotionale und geistliche Gesundheit? Welche Konsequenzen hat sie für meine Familie? Muss ich Kompromisse in Bezug auf meine persönlichen Überzeugungen eingehen? Treffe ich die Entscheidung, um mein Image aufzupolieren, oder sind die Gründe dafür ehrbar und unvergänglich?

> Das Risiko, das wir dabei eingehen, ist, dass unsere Wünsche nicht erfüllt werden, wenn wir uns aufrichtig Gottes Willen unterordnen.

Wann immer es Ihnen möglich ist, stellen Sie wirklich wichtige Dinge über den Erfolg. Dwight L. Moody hatte den Ehrgeiz, der erfolgreichste Verkäufer in seinem Gebiet zu werden, doch als er hörte, dass eine Mädchensonntagsschulgruppe für ihre sterbende Lehrerin betete, änderte sich seine Haltung. Er erklärte, dass Geld niemals mehr eine Versuchung für ihn sein würde. Er sah das größere Bild, und das motivierte ihn, die Arbeit unter armen Kindern in Chicago auszuweiten. Diese Entscheidung führte dazu, dass er einer der bekanntesten Evangelisten der Welt wurde. Selbstverständlich können wir nicht alle das tun, wozu Moody fähig war, aber wir alle können uns ebenfalls für etwas entscheiden, das bedeutender ist als Erfolg.

Das Wissen um Fakten ist wichtig, wenn wir eine Entscheidung zu treffen haben, aber diese Fakten müssen durch Weisheit ergänzt werden. Weisheit ist die Fähigkeit, über das Für und Wider hinauszusehen, über andere Faktoren, die nicht gleich ersichtlich sind, wenn wir uns nur auf die reinen Informationen verlassen. Die Weisheit, die ich meine, kommt von Gott und von den Lippen weiser Menschen, die unsere Wege kreuzen.

Treffen Sie die Entscheidung nur, wenn Sie inneren Frieden darüber haben

Hier nun ein weiser Rat, den wir alle befolgen können: „Der Friede des Christus regiere in euren Herzen, zu dem ihr auch berufen worden seid in einem Leib! Und seid dankbar" (Kolosser 3,15). Das Wort „regieren" bedeutet, dass der Friede wie ein Schiedsrichter sein sollte, der über Zustimmung oder Ablehnung unserer Entscheidung bestimmt. Bei allem sollten wir davon überzeugt sein, dass es richtig, gut und in Übereinstimmung mit Gottes Willen ist. Der Friede Gottes ist der Indikator für unseren Lebensstil und unsere Entscheidungen. Manchmal können wir etwas erleben, was ich als „inneres Alarmsignal" bezeichnen würde, das heißt, wir haben das Gefühl, dass wir auf dem falschen Weg sind. Wir sollten auf solche Warnungen des Heiligen Geistes hören, besonders dann, wenn wir das Gefühl haben, dass etwas nicht richtig ist. Der Heilige Geist lebt in uns Christen und er kann durch Sünden und falsche Schritte betrübt werden; allerdings kann er uns auch Frieden bringen, wenn wir gehorsam sind.

> Wann immer es Ihnen möglich ist, stellen Sie wirklich wichtige Dinge über den Erfolg.

Wir können nicht die Konsequenzen unserer Entscheidungen absehen, das kann nur Gott. Darum ist es so wichtig, Gott nicht nur zu befragen, sondern auch auf die leise Stimme des Heiligen Geistes in uns zu hören, bevor wir einen Fehler machen. Wenn das bei mir der Fall ist, halte ich inne und frage mich: „Was habe ich bei dieser Entscheidung übersehen?“ Meist haben Frauen hier ein sensibleres Empfinden als wir Männer. Oftmals haben sie ein besseres Gespür dafür, was übersehen wurde; Ehemänner tun daher gut daran, hin und wieder auf ihre Frauen zu hören.

Selbstverständlich wäre es ein Fehler, wenn wir den inneren Frieden als alleinigen Maßstab nehmen würden. Es gibt Menschen, die die abenteuerlichsten Entscheidungen getroffen haben, weil „sie Frieden darüber hatten“. Man kann sich auch einen falschen Frieden einreden; wir können uns alle möglichen Gründe dafür ausdenken, und schließlich glauben unsere Gefühle das, worauf unser Verstand beharrt. Aus diesem Grund sollten bei der Entscheidungsfindung alle Prinzipien dieses Kapitels zusammen helfen.

Erwarten Sie, dass Gott Sie auf unterschiedliche Art und Weise führt

Gott hat keine „Einheitsregel“, die er für jeden anwendet, wenn es darum geht, uns zu leiten. Er spielt keine Spielchen mit uns, indem er uns erst die Möglichkeiten vorlegt, sich dann zurücklehnt und sagt: „Ich warne dich, wähle ja richtig!“ Er ist bereit, uns individuell zu leiten, aber in diesem Prozess erwartet er unsere Bereitschaft, zu hören und zu gehorchen. Gott gibt denen das Beste, die ihm die Entscheidung überlassen.

Manchmal führen bestimmte Umstände zu den nächsten Schritten; manchmal sind es auch Menschen, die uns einen weisen Rat geben oder uns mit Leuten in Verbindung bringen, die uns bei unserer Entscheidung helfen.

Manchmal wirken auch mehrere Begebenheiten zusammen und lassen den Verdacht aufkommen, dass Gott hier seine Hände im Spiel hat und uns damit neue Möglichkeiten zeigen möchte. Wichtig ist, dass wir aufmerksam auf Gottes Führung warten.

Oft stelle ich fest, dass ich unbewusst von Gott geleitet werde. Ich entscheide mich für die nächstbeste offene Tür, die anschließend wiederum zur nächsten offenen Tür führt. Erst im Nachhinein kann ich erkennen, wie wichtig diese banalen Entschlüsse für mich waren.

Es gibt viele Menschen, die irregeleitet wurden, weil sie auf ein „Zeichen des Herrn“ gewartet haben.

Es gibt viele Menschen, die irregeleitet wurden, weil sie auf ein „Zeichen des Herrn“ gewartet haben. Genau wie die Studentin, die gebetet hat: „Herr, wenn er vor 22:00 Uhr anruft, dann weiß ich, dass ich mit ihm ausgehen soll.“ Das ist nichts anderes, als dass man sich schon im Voraus für das entscheidet, was man so ersehnt hat.

Andere wurden irregeführt, indem sie Umstände auf eine Art und Weise interpretierten, die ihnen erlaubte zu tun, was sie tun wollten. Wahrscheinlich sagte sich Jona: „Zufälligerweise fährt gerade jetzt ein Schiff nach Tarsis. Ich habe das ja so nicht geplant. Zufällig habe ich auch genug Geld für die Fahrkarte in der Tasche. Ich bin so ruhig über meine Entscheidung, dass ich trotz Sturm tief und fest schlafen kann.“ Dennoch wissen wir alle ganz genau, dass Jona vor Gott davonlief.

Zusammengefasst bedeutet das: Wir können Gottes Willen nur dann erkennen, wenn wir Gott selbst kennen und davon überzeugt sind, dass er uns führen möchte. Unsere Grundeinstellung, nämlich Gottes Willen zu tun, sollte immer unsere oberste Priorität sein.

Machen Sie sich bewusst, dass bei Entscheidungen immer ein Restzweifel bleibt

Selbst wenn wir Gottes Weisheit erbeten, alle Fakten so gut wie möglich gesammelt und lange um Gottes Leitung und Frieden gebetet haben, können noch Restzweifel über unsere getroffenen Entscheidungen bleiben. Manchmal können wir Bedenken nicht von Angst und Angst nicht von Anspannung unterscheiden. Ich habe jedoch festgestellt, dass sich, wann immer ich eine Entscheidung getroffen und den ersten Schritt in diese Richtung getan hatte, alle Zweifel in Luft auflösten.

> Wann immer ich eine Entscheidung getroffen und den ersten Schritt in diese Richtung getan habe, lösten sich alle Zweifel in Luft auf.

Es kann uns trösten, dass selbst der große Apostel Paulus Unsicherheiten in Bezug auf seine Entscheidungen kannte. Er wurde von der Gemeinde in Korinth kritisiert, da er seine Meinung über seinen Besuch bei ihnen geändert hatte. Er wollte sie besuchen, tat es aber nicht. Also fragte er sie: „Habe ich nun, indem ich mir dieses vornahm, etwa leichtfertig gehandelt? Oder was ich mir vornehme, nehme ich mir das nach dem Fleisch vor, damit bei mir das Ja-ja und das Nein-nein gleichzeitig wären?“ (2. Korinther 1,17).

Er machte Pläne, die scheiterten, Pläne, hinter denen gute Absichten steckten, die jedoch nicht umgesetzt wurden.

Ehrliche Zweifel sind Teil unseres Lebens auf dieser Erde.

Gottes souveräne Kontrolle

Jeder Gläubige kann sich an folgendes Versprechen Gottes klammern – sei es vor oder nach einer getroffenen Entscheidung: „Wir wissen aber, dass denen, die Gott lieben, alle Dinge zum Guten mitwirken, denen, die nach seinem Vorsatz berufen sind“ (Römer 8,28). Dieses großartige Versprechen erklärt uns zwar nicht, warum Gott tut, was er tut, es ist auch kein leichtfertiger Trost für Leid, aber es ist eine Zusicherung, an die wir uns klammern können, weil wir wissen, dass Gott alles zu unserem Besten geschehen lässt.

Sie dürfen getrost über Gottes Absichten sein. „Alle Dinge" heißt, dass wirklich alles zum Guten dient. Das Leben ist nicht planbar, nicht alles lässt sich klar zuordnen, aber Gott kann die Dinge so fügen, dass alles zusammenpasst. Er weiß, wie alles „laufen" muss. Welche Werkzeuge verwendet er, um alles zu unserem Besten dienen zu lassen? – Sein Wort, seine „Kinder", aber auch unsere törichten Entscheidungen, finanziellen Rückschläge und Menschen, die gegen uns sind – „alles" bedeutet wirklich „alles".

Gott kann weiter sehen, und er kennt das Resultat, bevor Sie und ich es auch nur erahnen können.

Bitte verstehen Sie das nicht falsch. Wir können unsere sündigen Entscheidungen nicht als Gelegenheit für Gottes Wirken rechtfertigen, aber Gott ist größer als unsere Fehler und falschen Entscheidungen. Paulus sagt, dass alle Dinge „mitwirken". Das griechische Wort hierfür ist *synergeo*, dass aus den Worten *syn* (zusammen) und *ergo* (arbeiten) besteht. Gott wirkt und die Dinge „arbeiten zusammen". Gott kann weiter sehen, und er kennt das Resultat, bevor Sie und ich es auch nur erahnen können; er lässt es zu unserem Allerbesten geschehen.

Als ich ein kleiner Junge war, lebte ich auf dem Bauernhof, und ich liebte es, Dinge auseinanderzunehmen. Mein großer Bruder konnte den Motor eines Traktors zerlegen, ihn reparieren und wieder so zusammenbauen, dass er tatsächlich lief. Ich schaffte es lediglich, eine Uhr auseinanderzunehmen, da ich so fasziniert von den kleinen Rädern war. Einige gingen in die gleiche Richtung wie die Zeiger, während die anderen andersherum liefen. Manche drehten sich schnell, andere langsam. Weil einige Räder in entgegengesetzte Richtungen liefen, sah es so aus, als würden sie gegeneinander arbeiten. Wenn ich dann aber die Uhr herumdrehte, sah ich, dass die Uhrzeit tatsächlich stimmte. Ich musste zugeben, dass alle Teile richtig zusammenarbeiteten.

Glauben Sie mir: Wenn Sie einen schlechten Tag hatten, kann er aus Gottes Sicht dennoch ein guter gewesen sein. Gott arbeitet an Ihnen, damit für Sie das Beste dabei herauskommt. So etwas schafft nur er. Wenn er Ereignisse geschehen lässt, können sie zu Gutem mitwirken. Ich weiß nicht, wie, aber Gott nimmt Natrium und Chlor, fügt beides zusammen und lässt daraus Salz entstehen, etwas, ohne das wir niemals leben könnten. Ich weiß auch nicht, wie Gott aus Sünde und Enttäuschung etwas Gutes geschehen lässt, trotzdem bin ich davon überzeugt, dass er genau das tut. Wenn Sie ihn lieben und berufen sind, gehören Sie zu jenen, die von Gottes besonderem Wirken profitieren können.

Das Versprechen aus Römer 8,28 lehrt, dass Gott durch seine Macht und Gnade Geschehnisse so miteinander verwebt, dass es im Leben von Christen keine ewigen Tragödien gibt. Umgekehrt gibt es auch für Ungläubige keine dauerhaften Siege. Wenn Sie Gott nicht lieben, sind Sie auch nicht zu seinem Willen berufen und seine Versprechen gelten Ihnen nicht. Gott kann Sie vielleicht benutzen, aber ohne Gott werden Sie niemals zu Ihrem Besten existieren.

Folgen Sie diesen Ratschlägen, und ich garantiere Ihnen, dass Sie weise Entscheidungen treffen werden:

Ich ermahne euch nun, Brüder, durch die Erbarmungen Gottes, eure Leiber darzustellen als ein lebendiges, heiliges, Gott wohlgefälliges Opfer, was euer vernünftiger Gottesdienst ist. Und seid nicht gleichförmig dieser Welt, sondern werdet verwandelt durch die Erneuerung des Sinnes, dass ihr prüfen mögt, was der Wille Gottes ist: das Gute und Wohlgefällige und Vollkommene.
Römer 12,1–2

Gott führt uns, wenn wir ihm unsere Rechte übertragen und bereit sind, das zu tun, was er will. Er ist größer als unsere Fehler, größer als unsere Sünden und auch größer als unsere Versäumnisse.

Wenn wir ihn lieben, will er uns leiten, selbst wenn wir uns für einen falschen Weg entschieden haben.

Gebet

Vater, ich weiß, dass mein Widerwille, mich, meine Zukunft, meine Wünsche und mein Leben dir ganz und gar anzuvertrauen, das größte Hindernis ist, um kluge Entscheidungen zu treffen. Ich möchte Römer 12,1–2 jetzt zu meinem persönlichen Gebet machen. Ich vertraue mich selbst, meine Vergangenheit und meine Zukunft deiner Führung und deinem Schutz an. Hilf mir, in Zukunft Entscheidungen zu treffen, die dich ehren. Ich will nicht mehr selbst der Kapitän meines Schiffes sein und überlasse dir das Steuer in dem Vertrauen, dass du mich dorthin führst, wo du mich haben möchtest.

9

Die fatalste Entscheidung, die Sie jemals treffen könnten

Versäumen Sie nicht, sich auf die Ewigkeit vorzubereiten

Jesus, der beste aller Geschichtenerzähler, beschrieb die Karriere eines Mannes, der die fatalste Entscheidung überhaupt getroffen hatte – eine, die nicht mehr rückgängig gemacht werden konnte:

Das Land eines reichen Menschen trug viel ein. Und er überlegte bei sich selbst und sprach: Was soll ich tun? Denn ich habe nicht, wohin ich meine Früchte einsammeln soll. Und er sprach: Dies will ich tun: Ich will meine Scheunen niederreißen und größere bauen und will dahin all mein Korn und meine Güter einsammeln; und ich will zu meiner Seele sagen: Seele, du hast viele Güter liegen auf viele Jahre. Ruhe aus, iss, trink, sei fröhlich! Gott aber sprach zu ihm: Du Tor! In dieser Nacht wird man deine Seele von dir fordern. Was du aber

bereitet hast, für wen wird es sein? So ist, der für sich Schätze sammelt und nicht reich ist im Blick auf Gott.
Lukas 12,16–21

Der tragische Fehler des reichen Mannes war, dass er seine Seele zugunsten seines Leibes vernachlässigt hatte. Er legte den größten Wert auf seinen angesammelten Besitz, der sich aber als vergänglich erwies; er verkaufte seine ewige Seele zu einem Schleuderpreis. Alle irdischen und physischen Bedürfnisse waren gestillt, aber seine Seele litt Not.

Jesus erzählte dieses Gleichnis, um damit deutlich zu machen, dass unsere unsichtbare Seele der wichtigste Teil von uns selbst ist. Er sagt selbst: „Fürchtet euch nicht vor denen, die den Leib töten, die Seele aber nicht zu töten vermögen; fürchtet aber vielmehr den, der sowohl Seele als auch Leib zu verderben vermag in der Hölle!“ (Matthäus 10,28). Wenn der Leib gestorben ist, geht die Seele entweder in den Himmel oder in die Hölle, einen Ort der Qual. Schließlich werden unsere Leiber wieder auferstehen und mit der Seele zusammengefügt, um die Ewigkeit dort zu verbringen, wo die Seele hingekommen ist. Es sollte uns zu denken geben, dass der Mann im Gleichnis auf ewig von Gott getrennt sein wird. Auf Kosten seines vermeintlichen Erfolges hatte er das Wichtigste vernachlässigt.

Sein Fehler bestand darin, dass er sein Leben auf sich selbst und nicht auf Gott ausgerichtet hatte. Sechsmal gebraucht er das Wort „ich“. Zählen wir noch die anderen Personalpronomen hinzu, kommen wir insgesamt auf elf oder zwölf. Wir wollen nun seine Aussage so lesen, wie er sie eventuell betont hat: „Er überlegte *bei sich selbst* und sprach: Was soll *ich* tun? Denn *ich* habe nicht, wohin *ich meine* Früchte einsammeln soll. Und er sprach: Dies will *ich* tun: *Ich* will *meine* Scheunen niederreißen und größere bauen und will dahin all *mein* Korn und *meine* Güter einsammeln; und *ich* will zu *meiner* Seele sagen: Seele, *du* hast viele Güter liegen auf viele Jahre. Ruhe aus, iss, trink, sei fröhlich! “

Was meinte er wohl mit „all *mein* Korn"? Hatte er den Weizen erschaffen oder ihn wachsen und sich vermehren lassen? Hatte er den Erdboden mit den ausgewogenen Nährstoffen gemacht, damit die Pflanzen so ertragreich wuchsen? Hatte er die Sonne entstehen lassen, damit sie in der richtigen Intensität schien? Und was war mit dem Regen?

Wir wollen das Gleichnis einmal auf unsere heutige Zeit übertragen, damit es verständlicher wird. Wie ist es mit *meiner* Rente? *Meinen* Aktien? *Meinen* Investmentfonds? *Meinem* Bankkonto? *Meinem* Haus? *Meiner* Karriere? Wenn wir unsere Abhängigkeit von Gott auf unsere angehäuften Reichtümer übertragen, haben wir Gott durch uns selbst und unseren Besitz ersetzt. Reichtum ist deshalb trügerisch, weil er uns vermeintliche Sicherheit vorgaukelt.

Es gibt eine Geschichte über einen Goldspekulanten zur Zeit des kalifornischen Goldrausches. Er war zu lange im Flussbett geblieben und von einem Schneesturm überrascht worden. Als er tot in seiner Hütte gefunden wurde, lag neben ihm ein Beutel Gold. Er hatte zwar Gold gefunden, aber das hatte ihn nicht satt gemacht. Sein Reichtum hatte ihn nicht warmhalten und seinem erschöpften Körper nicht wieder zu Kräften bringen können.

Reichtum ist deshalb trügerisch, weil er uns vermeintliche Sicherheit vorgaukelt.

Anders ausgedrückt: Dieser reiche Mann lebte so, als gäbe es nur diese Welt. Er tat so, als läge seine Zukunft in seiner Hand. *Du hast viele Güter liegen auf viele Jahre*, dachte er bei sich. Wie konnte er sich da so sicher sein? Er dachte, für seine Zukunft sei gesorgt, aber in der darauffolgenden Nacht, lernte er, dass alles in Gottes Hand liegt, der die absolute Kontrolle über alles hat – ganz egal, wie sehr einer an seinem Reichtum klebt.

In jener Nacht wurde die Seele des Mannes von ihm gefordert. Das Wort, das im Griechischen für „gefordert" steht, wurde benutzt, wenn jemand von einem anderen Geld geliehen hatte und es nun wieder zurückgezahlt werden sollte. Gott hatte dem

Mann Reichtum und Vermögen gegeben; er hatte ihm unverdiente Erträge gegeben. Nun war der Tag der Abrechnung gekommen.

Gewiss lobten die Leute bei seiner Beerdigung seine Fähigkeit als Bauer und sie sprachen von seinem großen Glück. Aber er selbst litt in der Hölle. Hätte er die wunderbaren Lobeshymnen gehört, hätte ihn das noch mehr gequält und er hätte sich noch mehr geschämt. Eine Minute nach seinem Tod war ihm bewusst geworden, dass seine Erträge verloren waren und seine Zukunft nun nicht mehr in seiner Hand lag. Er begriff nun, dass seine Ewigkeit besiegelt war und seine Zukunft immer schlechter statt besser werden würde.

Ein dringliches Anliegen

Was dieses Gleichnis von Jesus so fesselnd macht, ist die Tatsache, dass der reiche Mann so viele gute Entscheidungen getroffen hatte. Landwirte werden nicht vermögend, wenn sie keinen Geschäftssinn haben und ertragreiche Investitionsmöglichkeiten nicht erkennen können. In den Augen seiner Freunde hatte er gewiss alles richtig gemacht und sein reicher Hof war Beweis dafür. Bestimmt hätten viele gern mit ihm getauscht. Auf die Ewigkeit war er jedoch bedauerlicherweise nicht vorbereitet.

Eine Minute nach seinem Tod war ihm bewusst geworden, dass seine Erträge verloren waren und seine Zukunft nun nicht mehr in seiner Hand lag.

Der Schreiber des Hebräerbriefes stellt eine scharfe Frage: „Wie werden wir entfliehen, wenn wir eine so große Rettung missachten?" (Hebräer 2,3). Die Antwort hierauf ist denkbar einfach: Es gibt kein Entfliehen, wenn wir die Begnadigung, die Gott uns anbietet, verachten. Der größte Fehler, den ein Mensch begehen kann, ist der, Gottes Angebot der Vergebung durch Jesus Christus auszuschlagen.

In diesem Buch habe ich immer wieder betont, dass Gott das Beste aus unseren Fehlern machen kann. Wenn wir aber die Linie des Todes überschritten haben, kann Gott unsere Torheit nicht mehr rückgängig machen. In der Hölle ist kein Segen zu finden, keine Erlösung von Qualen in der zukünftigen Ewigkeit.

Über die folgenden Zusagen sollten Sie einmal nachdenken:

- *So viele ihn aber aufnahmen, denen gab er das Recht, Kinder Gottes zu werden, denen, die an seinen Namen glauben.*
  Johannes 1,12

- *Das Wort ist dir nahe, in deinem Mund und in deinem Herzen. Das ist das Wort des Glaubens, das wir predigen, dass, wenn du mit deinem Mund Jesus als Herrn bekennen und in deinem Herzen glauben wirst, dass Gott ihn aus den Toten auferweckt hat, du gerettet werden wirst. Denn mit dem Herzen wird geglaubt zur Gerechtigkeit, und mit dem Mund wird bekannt zum Heil. Denn die Schrift sagt: „Jeder, der an ihn glaubt, wird nicht zuschanden werden.“*
  Römer 10,8–11

- *Denn aus Gnade seid ihr gerettet durch Glauben, und das nicht aus euch, Gottes Gabe ist es; nicht aus Werken, damit niemand sich rühme.*
  Epheser 2,8–9

- *Und der Geist und die Braut sagen: Komm! Und wer es hört, spreche: Komm! Und wen dürstet, der komme! Wer da will, nehme das Wasser des Lebens umsonst!*
  Offenbarung 22,17

Die schlimmste Entscheidung, die Sie treffen können, ist, Jesu Angebot, nämlich ewiges Leben jetzt und in Ewigkeit, abzulehnen.

Wenn Sie sich noch nicht entschieden haben, tun Sie es jetzt!

Gebet

Vater, ich danke dir für dein Heilsangebot. Ich bekenne, dass ich ein Sünder bin und mich selbst nicht retten kann. Ich begreife, dass weder meine Kirchenzugehörigkeit noch ein vorbildliches Leben oder religiöse Handlungen mich retten können. Ich brauche einen Stellvertreter; vergib mir und erlöse mich von meiner Sünde.

Ich erkenne Jesus Christus als meinen Stellvertreter an, der an meiner Stelle gestorben ist, damit du mich als dein Kind annehmen und mir vergeben kannst. Heute übergebe ich dir all meine rationalen Überlegungen und setze mein Vertrauen auf Jesus Christus, der für mich gestorben und wieder auferstanden ist.

Von nun an will ich deinen Verheißungen glauben, und ich bitte dich um die Leitung meines Lebens, wenn ich von nun an Christus nachfolge.

Diskussionsfragen

Einleitung: Sie haben also eine falsche Entscheidung getroffen ...

1. Stimmen Sie der folgenden Aussage zu: „Die Summe unseres Lebens gleicht der Summe unserer Entscheidungen“? Warum oder warum nicht?
2. „Das ist ein Buch der Hoffnung.“ Was hat Ihnen Hoffnung gemacht, als Sie die Einleitung gelesen haben?

1 Die schrecklichste Entscheidung in der Menschheitsgeschichte

1. Welche Entscheidung war die schlimmste, die Sie jemals getroffen haben? Welche Konsequenzen hatte sie? Beschreiben Sie, wie Gott das Beste aus Ihrer falschen Entscheidung gemacht hat. (Glauben Sie trotzdem, dass Gott aus Ihrem Durcheinander noch etwas Positives machen kann, selbst wenn Sie bisher noch keine Anzeichen dafür gesehen haben?)

2. Wie wäre Ihr Leben, wenn Sie keine Scham empfinden müssten? Was sind die positiven und negativen Aspekte der Scham in unserer gefallenen Welt?
3. Warum nennt John Milton den Sündenfall einen Glücksfall? Sitmmen Sie ihm zu? Warum oder warum nicht?
4. Welche Hoffnung in Bezug auf unsere Sünde lesen wir in Römer 5,20–21?

2 Wenn Sie die zweitbeste Entscheidung getroffen haben

1. Haben Sie sich jemals wie die schwangere junge Frau in diesem Kapitel in einer Situation wiedergefunden, aus der Sie allein nicht mehr herauskamen? Was wurde daraus?
2. Was ist der Unterschied zwischen „Angst vor Erfolg haben" und „Versagen einkalkulieren"? Wann sind sie ein- und dasselbe?
3. Manchmal nehmen wir auf unserem Lebensweg bewusst eine falsche Abzweigung, und manchmal stellen wir fest, dass wir auf dem verkehrten Weg sind, ohne dass wir uns bewusst sind, eine falsche Entscheidung getroffen zu haben. Wie können wir zuversichtlich sein, dass Gott bereit ist, uns zu helfen – egal, wie wir in die Situation hineingeraten sind, in der wir stecken?
4. Welches ist die „eine richtige Entscheidung", die wir immer treffen können?
5. Wie errettete und segnete Gott die Israeliten, nachdem sie die zweitbeste Entscheidung getroffen hatten?
6. Beschreiben Sie eine Zeit in Ihrem Leben, in der Gottes souveränes Handeln deutlich wurde.

3 Wenn Sie eine problematische Ehe eingegangen sind

1. Was ist der Unterschied zwischen einem Versprechen und einem Gelübde?
2. Warum ist das Ehegelübde der Heiligste aller Schwüre?
3. Welchen Rat gab der Autor dem Paar am Anfang des Kapitels, das „für sich" geheriatet hatte? Stimmen Sie ihm zu?
4. Welches törichte Versprechen gab Josua in der Bibel? Wie ließ Gott das Beste daraus entstehen?
5. Welchen fünf Mythen glauben Menschen, die ihre Ehe beenden wollen? Wie ist Ihre Meinung dazu? Kommentieren Sie einen oder zwei dieser Mythen. Welche anderen Begründungen schieben wir noch vor, wenn wir etwas absolut wollen?
6. Stimmen Sie der Aussage „Treue ist wichtiger als Glück" zu? Warum oder warum nicht?
7. Welche Grundregel nennt der Autor als Antwort auf unglückliche Beziehungen? Wie würde Ihre Beziehung sich ändern, wenn Sie diesen Grundsatz beherzigen würden?
8. Welche drei Dinge sollten beachtet werden, damit echte Versöhnung stattfinden kann (siehe Seite 65)?

4 Wenn Sie die moralische Grenze überschritten haben

1. Wie ist Davids Teufelskreis vergleichbar mit dem, was heute viele Menschen erleben, die in sexuelle Sünde gefallen sind?
2. Was können Sie unternehmen oder haben Sie unternommen, um sich vor Versuchung in Ihrem Leben zu schützen?
3. Auf lange Sicht gesehen kann sich der leichteste Weg als der schwierigste erweisen. Galt das auch für David? Wie ist es in Ihrem Leben?

4. Nennen Sie Beispiele von Menschen, die ebenfalls versuchten, ihre Sünden zu vertuschen. Wurden sie aufgedeckt und was können wir daraus lernen?
5. Wo sind in Davids Geschichte Gnade und Vergebung zu finden? Wo in Ihrem Leben?

5 Wenn Sie eine schlechte finanzielle Entscheidung getroffen haben

1. Waren Sie auch einmal in einer ähnlichen Situation wie die beiden Männer, von denen zu Beginn dieses Kapitels die Rede ist? Welche finanzielle Entscheidung haben Sie bereut? Erzählen Sie, wenn Sie möchten, warum Sie diese Entscheidung getroffen und was Sie daraus gelernt haben.
2. Welche Haltung ist die Grundlage, um aus finanziellen Notzeiten herauszugelangen? Wie können Sie sie erlangen?
3. Warum gibt es so viele törichte finanzielle Entscheidungen? Begründen Sie.
4. Warum ist Geld ein so sensibles Thema? Stimmen Sie den Antworten des Autors zu? Begründen Sie.
5. Erklären Sie die Aussage „Notzeiten decken unsere unechte Liebe auf und bewahren uns vor versteckter Götzenanbetung" (siehe Seite 94). Haben Sie diese Erfahrung auch gemacht?
6. Welche Schritte schlägt der Autor vor, um sich wieder von einer finanziellen Krise zu erholen?
7. Was meint die Bibel, wenn sie sagt, wir sollten „frei von Geldliebe sein"? Wie sieht es in der Hinsicht in Ihrem Leben aus?

6 Wenn Sie den falschen Beruf gewählt haben

1. Befanden Sie sich jemals in einer beruflichen Sackgasse so wie Johannes? Erzählen Sie.

2. Wie passt die Moses Geschichte zum Thema dieses Kapitels?
3. Welche Fragen können wir uns stellen, um unsere Arbeitseinstellung selbst zu hinterfragen? Woran erkennen wir, dass sich unsere Einstellung zum Positiven verändert?
4. Welche radikale neue Perspektive in Bezug auf Arbeit zeigte Paulus im Neuen Testament auf? Ist sie realistisch? Warum oder warum nicht? Wie könnten wir sie heutzutage in unserem Alltag umsetzen?
5. Was denken Sie, wenn Sie das Wort „Durchhaltevermögen" hören? Wann brauchen Sie in Ihrem Alltag Durchhaltevermögen?
6. Beten Sie in der kommenden Woche jeden Morgen folgendes Gebet: „Herr, verherrliche du dich heute durch mich." Beobachten Sie, wie Gott auf Ihr Gebet antwortet.
7. Wann ist unser Glaube in Gottes Augen besonders wertvoll? Warum?

7 Wenn Sie andere verletzt haben

1. Diskutieren Sie darüber, was Susan Ihrer Meinung nach in ihrer schwierigen Situation tun sollte.
2. Für Zachäus war seine Errettung viel wert. Sollten Ihrer Erfahrung nach Vergebung und Versöhnung etwas kosten?
3. Wie können wir das Beste aus dem Schmerz machen, den wir anderen zugefügt haben? Welcher Schritt ist Ihrer Meinung nach der schwierigste?
4. Welches Wort sollten wir niemals gebrauchen, wenn wir vor jemandem ein Geständnis ablegen? Warum nicht?
5. Lesen Sie Psalm 51. Was können wir anhand von Davids Bußpsalm lernen?
6. Warum sind Vergebung und Versöhnung es wert, dass man demütig und ehrlich ist?
7. Wie können Sie denen praktisch helfen, die Gnade brauchen, um heil zu werden?

8 Wie man kluge Entscheidungen trifft

1. Welche vorherrschende Lüge glauben die meisten Menschen, sodass sie immer wieder törichte Entscheidungen treffen? Was sagt die Bibel dazu?
2. Welche der Dinge unter der Überschrift „Was Sie nicht tun sollten“, fallen Ihnen am schwersten? Warum? Was können Sie tun, um das zu ändern?
3. „Wann immer es Ihnen möglich ist, stellen Sie wirklich wichtige Dinge über den Erfolg.“ – Wie kann das in Ihrem Leben aussehen?
4. Was denkt der Autor darüber, „auf Zeichen vom Herrn zu warten“? Stimmen Sie ihm zu? Warum?
5. Denen, die Gott lieben, wirken alle Dinge zum Guten mit. Welche Beispiele dafür können Sie dazu aus Ihrem Leben erzählen? Welches positive Resultat ist in Ihrem Leben aus Sünde und Enttäuschung entstanden?
6. Welches ist die wichtigste Lektion, die Sie über Vergebung gelernt haben?

9 Die fatalste Entscheidung, die Sie jemals treffen könnten

1. Erkennen Sie sich in der Geschichte des reichen Mannes wieder? Was wollte Jesus damit deutlich machen?
2. Welches ist der größte Fehler, den ein Mensch je machen könnte?
3. Welche der Zusagen auf Seite 163 spricht Sie am meisten an? Warum?

Anmerkungen

1 Die schlechteste Entscheidung in der Menschheitsgeschichte

1 Albert Camus *The Fall* (New York: Vintage 1991), S.81

2 vom Lied *Calvary Covers it All* von Mrs Walter G. Taylor 1932, Rechte bei Rodeheaver Company

3 direkte Übertragung der 3. Strophe des Liedes *Amazing Grace* von John Newton (1725–1807)

2 Wenn Sie die zweitbeste Entscheidung getroffen haben

1 Corrie ten Boom: *The Hiding Place* (Grand Rapids: Baker 2006), S. 16 u. 227.

2 „Let Go and Let God" ein Gedicht, gewidmet Lauretta P. Burns in Protecting *Those You Love in an X-Rated World* von Michele Washam und Tom Mooty (Orlando: Bridge Logos, 2007), S. 199.

3 Wenn Sie eine problematische Ehe eingegangen sind

1 Lou Priolo, *Divorce: Before You Say „I Don't"* (Phillipsburg, NJ: P&R. 2007), S. 5–6

2 Peter Marshall, von *John Doe, Disciple: Sermons for the Young in Spirit,* zitiert in „Reflections: Classic & Contemporary Excerpts", *Christianity Today* (10. August 1998) S. 72

3 Reinhold Niebuhr, von *An Interpretation of Christian Ethics,* zitiert von Christine A. Scheller „How Far Should Forgiveness Go?" *Christianity Today* (22. Oktober 2010), S. 41

4 Wenn Sie die moralische Grenze überschritten haben

1 Charles H. Spurgeon: „Grace Abounding" aus seiner Predigt im *Metropolitan Tabernacle* in London am 22. März 1863: *The Spurgeon Archive,* www.spurgeon.org/sermons/0501.htm.

5 Wenn Sie eine schlechte finanzielle Entscheidung getroffen haben

1 Charles R. Swindoll, *Day By Day with Charles Swindoll* (Nashville: Word, 2000), S. 229

2 John Piper: „What Is the Recession For?" aus seiner Predigt in der *Bethlehem Baptist Church,* Minneapolis, MN, am 1. Februar 2009 http://www.hopeingod.org/sermon/what-recession.

3 Anup Shah, „Today, Over 22.000 Children Died around the World" *Global Issues,* aktualisiert am 20. September 2010, http://globalissues.org/article/715/today-over-22000-children-died-around-the-world.

6 Wenn Sie den falschen Beruf gewählt haben

1 F. B. Meyer: *Moses, the Servant of God* (Grand Rapids: Zondervan, 1954), S. 21

2 Dan Miller: *48 Days to the Work You Love*, rev. ed. (Nashville: B&H, 2010), S. 1

3 Ibid, S.13

7 Wenn Sie andere verletzt haben

1 John Claypool, wie Ken Hyatt erzählt „Freedom Behind Bars" *The Standard* (April 1999), S. 22–23

Erwin Lutzer

Wie kann ich wissen, dass ich in den Himmel komme?

Pb., 176 Seiten

Erwin Lutzer erklärt, warum man wissen kann, wo man die Ewigkeit verbringt. Es geht u.a. um die Fragen:
Wie vollkommen muss man für den Himmel sein?
Ist die Gewissheit über seine ewige Zukunft vermessen?
Was ist, wenn man Zweifel an der Errettung hat?
Der Autor ist bekannt für seine fundierten und leicht verständlichen Abhandlungen über biblische Themen und für seine reichen Erfahrungen als Seelsorger. Beides zusammen machen seine Bücher lesenswert.

Best.-Nr. 273.693
EUR (D) 9,90 | EUR (A) 10,20 | SFR 14,90
ISBN 978-3-89463-693-3